Constanze Herrmann

DIE KIRCHEN VON
WEINHÜBEL, TAUCHRITZ, JAUERNICK UND KUNNERWITZ

J. S. Klotz Verlagshaus

VORWORT

Ausschlaggebend für das Erscheinen dieser Publikation war die Initiative von Herrn Jeff Klotz, Leiter des gleichnamigen Verlagshauses, die weniger von der Öffentlichkeit beachteten Sakralbauten der hiesigen Region in einem Kirchenführer zu publizieren. Mit diesem Buch geht zugleich ein lang gehegter Wunsch der Evangelischen Versöhnungskirchengemeinde Görlitz in Erfüllung, ihre drei Kirchen und die Kapelle als Lektüre für Interessierte zu erschließen. Da keine der Kirchen losgelöst von der Ortsgeschichte betrachtet werden kann, gleicht das Buch an manchen Stellen einer Reise in die Vergangenheit zu den vielen Generationen, die unsere Orte einst bewohnten und gestalteten, Kirchen errichteten, reparierten, wieder aufbauten und pflegten, manche Nöte aushalten mussten, aber auch Freude und Zuversicht erfahren konnten. Je nach Quellenlage wird manches ausführlicher besprochen, anderes nur gestreift.

Möge es immer Menschen geben, die das über Jahrhunderte gewachsene geistig-kulturelle Erbe unserer Vorfahren pflegen, erhalten, mehren und immer weiter gegeben.

Dr. Constanze Herrmann

IMPRESSUM

EVANGELISCHE VERSÖHNUNGSKIRCHENGEMEINDE GÖRLITZ

DIE KIRCHEN VON WEINHÜBL, TAUCHRITZ, JAUERNICK UND KUNNERWITZ

Herausgeber

J. S. Klotz Verlagshaus

Schloss Bauschlott

Am Anger 70 | 75245 Neulingen

www.klotz-verlagshaus.de

Autorin

Dr. Constanze Herrmann

Grafik

Sina Fuchs

Endkorrektorat

Hildegard Bente

ISBN

978-3-948424-54-1

Bildnachweis: Siehe Anhang Seite 135

Das Werk ist in allen Teilen urheberrechtlich geschützt. Jede Verwertung ist ohne Zustimmung des J. S. Klotz Verlagshaus unzulässig. Dies meint vor allem Vervielfältigungen, Einspeicherung und Weiterverarbeitung durch digitale Systeme.

© 2020, J. S. Klotz Verlagshaus

Titelbilder

oben links:
Auferstehungskirche Weinhübel

rechts:
Dorfkirche Tauchritz

unten links:
Bergkapelle Jauernick

rechts:
Erlöserkirche Kunnerwitz

INHALT

7 EINLEITUNG

11 FRÜHE GESCHICHTE

16 AUFERSTEHUNGSKIRCHE WEINHÜBEL

44 DORFKIRCHE TAUCHRITZ

84 BERGKAPELLE JAUERNICK

102 ERLÖSERKIRCHE KUNNERWITZ

ANHANG

117 Endnoten
129 Literaturverzeichnis
135 Bildnachweis
137 Archivalien
139 Ortsnamenkonkordanz
141 Lageplan der Kirchen
143 Danksagung
144 Autorin

EINLEITUNG

Oft grüßen Kirchen schon von der Ferne, weisen Reisenden und Gästen den Weg, gehören für die Einheimischen zum Ortsbild und geben den Gemeinden ein Zuhause. Sie sind Baudenkmale und Kulturgut. Anliegen dieses Kirchenführers ist es, auf vier Dorfkirchen aufmerksam zu machen, die etwas abseits der Touristenrouten liegen und dennoch mit geschichtlichen und baulichen Besonderheiten aufwarten und sich als Kleinode erweisen.

Aus der Zusammenlegung der drei ehemals selbständigen Kirchengemeinden Görlitz-Weinhübel, Tauchritz-Hagenwerder und dem Kirchspiel Kunnerwitz entstand 2005 die Evangelische Versöhnungskirchengemeinde Görlitz als gemeinsame neue Gemeinde mit Pfarrsitz Kunnerwitz. Sie umfasst die Gemeindeteile: Weinhübel, Hagenwerder, Tauchritz, Kunnerwitz, Jauernick-Buschbach, Ober Pfaffendorf, Schlauroth und Klein Neundorf[1]. Das sind acht Orte die sich südlich von Görlitz entlang der Lausitzer Neiße erstrecken, im Süden an die Pließnitz grenzen, sich den südlichen Abhang des Jauernicker Kreuzberges hinauf ziehen und im Bogen um den südlichen und westlichen Fuß des Görlitzer Hausberges, der Landeskrone, gruppieren. In deren Mitte befanden sich die Fluren der ehemaligen Orte Berzdorf a. d. Eigen und Niederschönau a. d. Eigen sowie Deutsch Ossig. Diese mussten dem Braunkohletagebau weichen. Die entstandene Kohlegrube wurde in den Jahren 2002 bis 2013 geflutet, der Berzdorfer See entwickelte sich – mit einer Wassertiefe von 72 m und einem Umfang von 18 km. Rund um das sich langsam formende Naherholungsgebiet befinden

Auferstehungskirche Weinhübel

Einleitung

sich die vier Dorfkirchen der Evangelischen Versöhnungskirchengemeinde, wobei jeder Sakralbau spezifische Eigenheiten aufweist.

Die älteste Kirche ist die **Auferstehungskirche in Weinhübel**, etwa 5 km südlich der Görlitzer Altstadt. Ihre Wurzeln reichen bis in das hohe Mittelalter zurück. Sie ist geprägt von einer barocken Ausstattung, die nach den Wirren des Dreißigjährigen Krieges angeschafft wurde und im Original erhalten blieb.

Dorfkirche Tauchritz, Nordfassade mit Logenanbau

Obwohl turmlos, besitzt die schlichte **Dorfkirche Tauchritz** mit ihren beiden aus dem ausgehenden 17. Jahrhundert stammenden Bronzeglocken das einzige Geläut unserer Kirchen, welches die beiden Weltkriege komplett und nahezu unbeschadet überstanden hat. Zur Kirche gehören noch etliche historisch interessante Epitaphien, die bis in die Zeit der Renaissance zurückreichen und vom Können der damaligen Steinmetze zeugen.

Einleitung

Die 1863 errichtete evangelische **Bergkapelle Jauernick** ist der jüngste Sakralbau. Sie präsentiert sich als einziger der Gottesdiensträume mit einer zweiten kompletten Neuausstattung. Diese zeugt vom Modegeschmack der 1960er Jahre. Die Kapelle besitzt jedoch die älteste Glocke – ein Guss der nur sechs Jahre nach Luthers Thesenanschlag erfolgte.

Die klassizistische **Erlöserkirche Kunnerwitz** ist die geräumigste der vier Kirchen. Das Besondere an dieser Kirche ist, dass ihr Schiff in Höhe der ersten Empore in den 1970er Jahren waagerecht geteilt wurde. Es entstand eine Oberkirche für die Gemeinde und ein Untergeschoss für nicht gottesdienstliche Nutzung.

oben:
Bergkapelle
Jauernick

unten:
Erlöserkirche
Kunnerwitz

FRÜHE GESCHICHTE

Eine Fülle menschlicher Spuren weist darauf hin, dass das Gebiet um die Lausitzer Neiße, die Pließnitz und den Quellbereich des Schwarzen Schöps von Urzeiten an Siedlungsgebiet ist[2]. Das wohl älteste Artefakt der hiesigen Gegend ist eine steinerne Axt aus der mittleren Jungsteinzeit, um 3500 v. Chr. (Mittelneolithikum) zu datieren. Sie kam im heutigen **Weinhübel** zu Tage[3]. Auf dieser Flur wurden sowohl eine früheisenzeitliche Wohnsiedlung als auch ein Gräberfeld aus der mittleren Bronze- bis frühen Eisenzeit (750 v. Chr.–450 v. Chr.) entdeckt. In Weinhübel wurden bereits 1888 zielgerichtet archäologische Grabungen durchgeführt[4]. Unter den aufgefundenen Beigaben der Brandgräber befand sich neben vielfältigen Tongefäßen auch ein eisernes Rasiermesser, was als Grabbeigabe eher eine Seltenheit darstellt[5].

Ein ähnliches früheisenzeitliches Gräberfeld existierte auch noch westlich der heutigen Ortslage von **Hagenwerder**, wobei die ältesten Bestattungen noch aus der jüngsten Bronzezeit (1300 v. Chr. bis 750 v. Chr.) stammten. Diese Begräbnisstätte wurde zwischen 1900 und 1907 in mehreren Grabungskampagnen gesichert[6]. Sie umfasste mehr als 40 aufgespürte Brandgräber, aus denen knapp 500 Fundstücke geborgen werden konnten, vorwiegend Keramik wie Kegelhalsgefäße, Töpfe, Krüge, Tassen, Spitzkrüge und Teller sowie Metallgegenstände wie Schmucknadeln aus Bronze und Eisen, diverse Varianten von Knöpfen, Ringe, Spiralen, Eisenmesser und ein Bronzemesser[7]. Hinzu kommt ein „Ärmchenbeil", im Prinzip ein eisernes Beil mit zwei armartigen Fortsätzen aus

Erlöserkirche Kunnerwitz
Wölbung über dem Altar mit den Evangelistensymbolen und weiteren christlichen Zeichen

Frühe Geschichte

der frühen Eisenzeit. Da die Verarbeitung des einheimischen Raseneisenerzes für diesen Zeitraum nicht nachgewiesen werden kann, gilt das Beil als „Einfuhrgut". Auf frühzeitliche Fernkontakte deuten auch andere Grabbeigaben sowohl in Weinhübel als auch im Feld von Hagenwerder hin. Diese wurden aus solchen Materialien gefertigt, die in der Oberlausitz nicht vorkommen oder damals noch nicht hergestellt werden konnten wie Glasperlen oder bestimmte Zusatzstoffe für Glasuren für Keramikgefäße. Das verweist erneut darauf, dass die hier lebenden Stämme nicht isoliert gewesen sind[8]. Ferner wurden auch südlich von **Tauchritz** bronzezeitliche Keramikscherben gefunden[9] und bei **Klein Neundorf** drei Dolche aus Bronze entdeckt. Diese stammen aus der Zeit des Überganges von der Bronze- zur Eisenzeit (1100 v. Chr.–500 v. Chr.)[10]. In **Buschbach** konnten 1933 ein bronzenes Lappenbeil[11] aus der mittleren Bronzezeit (1400 v. Chr.–1200 v. Chr.)[12] sowie ein Jahr später zwei Spinnwirtel geborgen werden[13]. Aus dem Südwesten von **Jauernick** stammt der erste prähistorische Fund, der auch als solcher erkannt worden ist und scheinbar schon 1771 als bedeutend galt. Bei Steinbrucharbeiten kamen damals Gefäße zum Vorschein, die zwei eiserne Äxte, zwei Pfeilspitzen aus Eisen, zwei Messer und einen mutmaßlichen Meißel der spätrömischen Kaiserzeit enthielten, die „in zweifellos germanischen Brandgräbern des 2. bis 4. Jahrhunderts n. Chr. gefunden wurden"[14]. Aufzuführen wäre weiterhin in Jauernick auch noch ein slawisches Hügelgräberfeld am südlichen Abhang des Schwarzen Berges. Es bestand ursprünglich wohl aus neun Grabhügeln, wovon noch drei gut zu erkennen sind. Archäologische Untersuchungen fanden hier bereits 1930 und 1952 statt und ergaben, dass die Gräber aus dem 11. Jahrhundert stammen[15].

Frühe Geschichte

Obwohl dem Braunkohlentagebau zum Opfer gefallen, soll hier auch der Abschnittswall auf dem Ringelberg am Steinbach in **Berzdorf a. d. Eigen** Erwähnung finden, der vermutlich Teil einer slawischen Wallanlage gewesen ist[16]. Ein ebenfalls in Berzdorf entdeckter Hortfund enthielt wiederum vier mittelbronzezeitliche Lappenbeile und einen Bronzering[17]. Ein weiterer Ringwall mit Vorburg befand sich auf dem **Jauernicker Kreuzberg**[18]. An dieser Stelle wurden ab dem 18. Jahrhundert immer wieder Funde gemacht. Grabungen am Wall und im Innenareal, die 1892 gezielt durchgeführt worden waren, ließen auf eine Nutzung der Anlage vom 10. bis 12. Jahrhundert schließen[19]. Eine Wallburg befand sich ebenso auf der Landeskrone[20].

In die Besiedelungsgeschichte reiht sich aber auch das **Tauchritzer Wasserschloss** ein. Zum einen weist es darauf hin, dass neben den Erhebungen sehr wohl auch die Niederungen für Befestigungen genutzt wurden, zum anderen reicht sein Vorgängerbau als Wasserburg mindestens bis ins Mittelalter zurück und ist ein Beispiel für frühe feudale Eigenbefestigungen aus der Zeit der deutschen Besiedelung der Oberlausitz[21].

Tauchritzer Wasserschloss

Zu Beginn unserer Zeitrechnung waren es zunächst germanische Völkergruppen, die etwa seit Mitte des 2. Jahrhunderts die Gebiete an Oder, Spree und Neiße besiedelten. Diese wanderten jedoch Mitte des 4. Jahrhunderts Richtung Westen weiter. Später ließen sich etappenweise westslawische Stämme, die vom Osten gekommen waren, im Gebiet der Neiße nieder. Oberlausitzer Slawengaue wurden erstmals um 850 erwähnt, indem die „Völkertafel" des namentlich nicht bekannten sogenannten bayrischen Geographen die Gebiete „Milzane civitates" und „Besunzane civitates" vermerkte. Etwa in diesen Zeitraum fällt auch die Lebenszeit des Herzogs Wenzeslaus von Böhmen (ca. 908–929/935), welcher als Hl. Wenzel der Namenspatron der katholischen Bergkapelle in Jauernick ist[22].

Da die slawisch sprechende Volksgruppe der Milzener das heutige Gebiet der Oberlausitz zunächst nahezu allein bewohnte, konnte sich diese in ihrem Siedlungsraum so lange eigenständig entwickeln, bis die hiesige Gegend im 10. Jahrhundert herrschaftlich erschlossen wurde. Auf Landgewinn bedacht, drang 932 der erste deutsche König Heinrich I. (875/876–936) in die Oberlausitz vor, unterwarf die Milzener und machte sie tributpflichtig. Die folgende Zeit war geprägt von immer wieder aufbrechenden kriegerischen Auseinandersetzungen mit den polnischen Piasten, die ihrerseits nach Ausweitung ihres Territoriums um die von den Slawen besiedelten Gebiete strebten[23]. 967 und 968 wurde während der Synode von Ravenna der Beschluss zur Missionierung der Slawen gefasst und in diesem Zusammenhang das Bistum Meißen gegründet, wobei die Burg Meißen in selbigem Jahr Bischofssitz wurde[24].

Nach etlichen Friedensschlüssen, aber auch betriebener Heiratspolitik, die ihren Höhepunkt 1018 im Frieden zu Bautzen fand, kam dem **Friedensschluss** von 1031 größere Bedeutung zu, da das Land wieder zur Mark Meißen zurückkehrte. 1076 gelangte die Lausitz als Lehen an Herzog Wratislaw II. (Vratislav II.) von Böhmen (1061–1092)[25]. Über fast fünf Jahrhunderte gehörte das Gebiet der heutigen Oberlausitz zur Krone Böhmens, allerdings mit dazwischen liegenden Unterbrechungen: von 1143 bis 1156/58 durch die Markgrafen von Meißen[26], von 1253 bis 1319 durch die Markgrafen von Brandenburg und von 1469 bis 1526 durch die Könige von Ungarn[27]. Gegen 1200 bis etwa zur Mitte des 13. Jahrhunderts erreichten nun auch zunehmend von Westen kommende deutsche Siedler die hiesige Gegend, wobei der Landesausbau weiter beflügelt wurde. Hiervon zeugen bis in die Gegenwart zum einen aus Weilern hervorgegangene Ortskerne und andererseits die typischen Waldhufendörfer. Parallel dazu entwickelten sich große Fernhandelsstädte wie das nahe gelegene Görlitz. Mit dem Prager Frieden vom 30. Mai 1635 gelangte die Oberlausitz zum Kurfürstentum Sachsen und 1815 der östliche Teil mit unseren Kirchdörfern zu Preußen[28] und schließlich wieder zu Sachsen.

Im Unterschied zu anderen deutschen Ländern stellte die Oberlausitz immer ein eigenständiges Territorialgebilde dar, welches nie eine eigene Dynastie besessen hat, sondern immer einer benachbarten Landesherrschaft zugeordnet war.

AUFERSTEHUNGSKIRCHE WEINHÜBEL

LAGE UND GESCHICHTE

Weinhübel, das vormalige Leschwitz, erstreckt sich als südlicher Stadtteil von Görlitz vom Fuß des Weinberges an entlang des westlichen Ufers der Neiße. Der alte Ortskern ist etwa 5 km vom Stadtzentrum entfernt. Er wurde auf einem Sporn erbaut, der in eine ausgedehnte Auenlandschaft mit den weitläufigen Neißewiesen eingebettet ist.

Die Quellenlage zur Geschichte der Kirche und des Ortes Weinhübel/Leschwitz ist spärlich, da die meisten frühen Unterlagen 1733 einem Brand im Pfarrhaus zum Opfer fielen und durch die Begleiterscheinungen des Zweiten Weltkrieges wiederum die nachfolgenden Dokumente zum großen Teil vernichtet wurden. Die erste urkundliche Erwähnung von Leschwitz führt zu einem Zinsbrief des Königs Johann von Böhmen (1296–1346) aus dem Jahr 1337. Dieser hatte das jährliche Einkommen aus dem Dorf Leschwitz in Höhe von acht Mark Zins sowie das Patronatsrecht von einem Görlitzer Bürger namens Ulmann übertragen bekommen und übergab davon vier Mark jährliches Einkommen dem Hospital für Schwache (Neißehospital) in Görlitz und die anderen jährlichen vier Mark mit dem Kirchenpatronat an die Stadt Görlitz[29]. Das heißt im Umkehrschluss, dass hier schon 1337 eine Kirche gestanden hat. Diese ist unterdessen eine der ältesten Dorfkirchen der Oberlausitz. Da Kirchen gewöhnlich in Siedlungen gebaut wurden und Ulmann, wie es in der Urkunde heißt, seit langen Jahren das Einkommen von Leschwitz bezogen hat, ist der Schluss naheliegend, dass es sich

Auferstehungskirche Weinhübel

hier um einen bereits seit dem frühen 14. Jahrhundert dauerhaft bewohnten Ort handelt. Diese Annahme wird von der historisch gewachsenen Dorfform gestützt. Der einst weit verbreitete typische Dorfanger ist hier noch erhalten und spiegelt eine für das Mittelalter charakteristische Dorfanlage mit einer großen langgestreckten Wiese in der Mitte – ehemals Gemeinbesitz – die von der Bebauung in gebührendem Abstand flankiert wird und die hier an der Stirnseite mit der auf einer kleinen felsigen Anhöhe gelegenen Kirche ihren Höhepunkt erlangt.

Ein Abriss der Patronatsherrschaften lässt sich nach derzeitigem Kenntnisstand für Leschwitz nicht lückenlos erstellen, da der Ort mindestens ab dem 15. Jahrhundert erheblich zergliedert war und dadurch zeitgleich immer mehrere Besitzer, Erbengemeinschaften oder die Stadt Görlitz klar definierte Anteile an Leschwitz besaßen. Bis auf wenige Adelsgeschlechter, denen nur immer hin und wieder für wenige Jahrzehnte Anteile an Leschwitz gehörten, waren die Eigner meistens Görlitzer Bürger. Mit einer gesamten Flurgröße von etwas über 600 ha[30] gehörte Leschwitz zu den an Grund und Boden reichen Dörfern der Oberlausitz, wobei auch immer wieder von einer Leschwitzer Wiese die Rede ist und diese wohl einen eigenen Anteil bildete. Auffallend ist auch, dass das gegenüber auf der östlichen Neißeseite gelegene Posottendorf/Lasowice häufig die gleichen Besitzer wie Leschwitz hatte.

Leschwitz war von 1337 bis 1440 Ratsdorf von Görlitz. Dann veräußerte der Görlitzer Rat Leschwitz an Jost Fritzsche, um mit dem Erlös die Landeskrone mit den zugehörigen Dörfern Kunnerwitz, Neundorf und Klein-Biesnitz von den Brüdern Balthasar und Rudolf von Sagan zu erwerben. 1483 kam Görlitz wieder in den Besitz mehrerer Anteile an Leschwitz, verkaufte diese jedoch 1491 abermals, um mit dem Geld den Ankauf der Herrschaft Penzig mit zu finanzieren[31]. Leschwitz gelangte im Folgenden unter anderem an die bekannten Görlitzer Geschlechter Frenzel und Emmerich[32]. Etwa zeitgleich bestanden zwei weitere Aufeinanderfolgen Görlitzer Bürgeranteile am Ort Leschwitz, die Eine aus dem frühen 15. Jahrhundert, die Andere beginnend um 1475 mit einem Görlitzer Apotheker[33].

Leschwitz war zudem auch immer wieder in die großen geschichtlichen Ereignisse der Zeit eingebunden. 1431 fielen die Grafensteiner **Hussiten** in der Gegend ein. Ihr Ziel war Görlitz. Auf dem Weg raubte und plünderte das Heer in allen Dörfern der Umgebung. Leschwitz wurde niedergebrannt. Görlitz dagegen konnte sich mit Unterstützung von Hilfstruppen aus Erfurt verteidigen. Unter Siegemund von Wartenberg rückte am 5. Oktober 1435 erneut ein Hussitisches Heer mit 250 Reitern auf Görlitz zu und brandschatzte vor der Stadt. Diesmal führte der Rückzug über Leschwitz. Das Dorf wurde geplündert und erneut in Brand gesteckt[34]. Bemerkenswert ist, dass sich die lange Reihe der Leschwitzer Pfarrer genau bis zur

Eingang zur Auferstehungskirche

Hussitenzeit zurück verfolgen lässt. Die evangelische Lehre wurde hier bis etwa 1540 eingeführt. Der erste evangelische Prediger hieß Theodorus Granalt (gest. 1555)[35]. Noch 1519 war er Kartäusermönch in Liegnitz/Legnica. Er heiratete 1535 und kam von Rothenburg nach Leschwitz, wo er bis zu seinem Tod blieb und nach damaliger Gepflogenheit in der Kirche vor dem Altar bestattet wurde. Der erste auch lutherisch ausgebildete Pfarrer war Andreas Bartisch. Er wurde 1554 in Wittenberg ordiniert und sogleich nach Leschwitz zum Pfarramt berufen[36].

Wie viele Orte der Oberlausitz litt auch Leschwitz unter den Ereignissen des **Dreißigjährigen Krieges** (1618–1648). Hier waren es besonders die Plünderungen der 1634 durchziehenden Truppen, die den Ort und die Kirche in Bedrängnis und Not brachten. Am 12. Dezember 1634 kam ein Regiment nach Leschwitz und blieb über Nacht. Beim Abzug steckte dieses das Dorf an drei Ecken in Brand, wobei 2 Vorwerke, 4 Bauernhöfe und 11 Gärtnerstellen abbrannten. Die Kroaten raubten die Turmuhr. Nachdem sie die Kirche aufgebrochen hatten nahmen sie allen Zierrat mit, einen goldenen Kelch, einen silbernen Kelch der vergoldet war und einen Kelch aus Zinn mit den dazugehörigen drei Patenen und dazu den reichen Vorrat, den die Gemeinde in der Kirche verborgen hatte[37]. Nach diesem Erlebnis begann für die Bevölkerung ein langer Kampf um das blanke Überleben, zumal im weiteren Verlauf des Krieges die nahegelegene Stadt Görlitz massiv belagert wurde und die Randerscheinungen, wie die Versorgung der Truppen, auch in Leschwitz spürbar gewesen sein dürften. Auch die Besitzverhältnisse änderten sich in dieser Zeit. 1636, zwei Jahre nach der verheerenden Plünderung, kaufte der Görlitzer Bürger Jakob Schöne von den

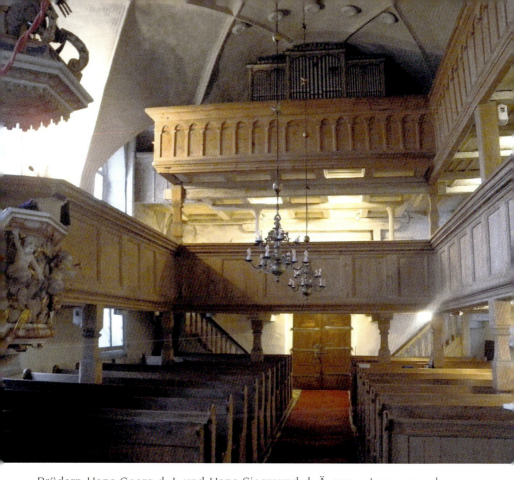

Innenraum nach Westen mit Orgel

Brüdern Hans Georg d. J. und Hans Siegmund d. Ä. von Warnsdorf deren Anteil von Leschwitz sowie die von Posottendorf und Kunnerwitz[38]. Der wohl bekannteste Vorbesitzer war deren Großvater, der Landesälteste Hans von Warnsdorf[39] (1549–1613), der mindestens seit 1581 Anteile an Leschwitz besaß und im gleichen Jahr auch das nahe gelegene Kunnerwitz erworben hatte[40]. Am Ende des Dreißigjährigen Krieges waren Sachsen und die Oberlausitz verwüstet und wirtschaftlich völlig ruiniert. Es dauerte Jahre, bis sich die allgemeine Lage so weit stabilisiert hatte, dass die Sorge der Bevölkerung um das tägliche Brot und die Wiederherstellung der Lebensgrundlagen nicht mehr den Alltag dominierte. In Leschwitz hat dieser

Prozess über ein Jahrzehnt in Anspruch genommen, ehe an Instandhaltungen oder Neuanschaffungen gedacht werden konnte, die über das Eigene hinaus gingen. Die ersten bedeutenden Neubauten nach dem Dreißigjährigen Krieg waren 1651 eine Scheune für die Schule, da vorher keine da gewesen war[41], und 1662 das neu erbaute Pfarrhaus sowie 1668 ein neues Schulgebäude[42]. Danach folgte die schrittweise Renovierung der Kirche, wie 1670 die Reparatur des Gewölbes bei den Glockensträngen. In dieser Zeit hatten vier Herrschaften Anteile an Leschwitz. Das waren: Johann Caspar Friese, Gottfried Wiedemann[43], Salomon Förster und Nicolaus Ranisch. Diese beurkundeten 1671, sooft ein Bau an der Kirche, dem Pfarr- und Schulhause anfällt, gemeinsam dafür Sorge tragen zu wollen. 1672 wurde der Turm mit starken Brettern bekleidet, 1673 die dritte Kirchenempore und das Lehnsherrengestühl in die Kirche eingebaut. Dabei wurde der hintere Teil des Ziegeldaches über dem Altar mit angehoben und in neuen Kalk gelegt. 1676 wurde der „Knopf", die Turmkugel, neu aufgesetzt. Darüber hinaus wurde die Wetterfahne neu angestrichen und der Turm neu gedeckt.

Das Jahr 1813 ist für Leschwitz wohl eines der Schlimmsten gewesen, indem die Kriegshandlungen und Truppenbewegungen der **Befreiungskriege** auch das Dorf erfassten. Mit den im März beginnenden preußischen Einquartierungen, der im April einrückenden russischen Infanterie, zwischenzeitlich auftauchenden Kosaken und immer wieder Quartier nehmenden und wiederholt durchziehenden Truppen unterschiedlicher Lager überschlugen sich die Ereignisse. Am 19. August nahm Napoleon selbst seinen Weg Richtung Zittau an Leschwitz vorbei. Am 1. September brannten die Franzosen die Neißebrücke ab, am

5. September plünderten sie die Kirche und raubten zudem alles, was die Einwohner in die Kirche gebracht hatten. Bei weiteren Plünderungen entstand am 6. September 1813 erneut ein Feuer. Dieses brach im Bauernhof neben der Pfarre aus und entwickelte sich zu einem Flächenbrand. Es erfasste nicht nur das Bauerngut mit sämtlichen Nebengebäuden, sondern auch die Pfarrwohnung und das Wirtschaftsgebäude, ein weiteres Bauerngut, die nach Posottendorf gehörende Schäferei mit Scheune, den Niederleschwitzer Kretscham, vier Gärtnernahrungen, sechs Häuslernahrungen, drei Gedingehäusler und eine Gärtnerscheune. An Löschung war nicht zu denken, da im und um das Dorf französische Truppen biwakierten und auch kein Wasser oder Löschgeräte verfügbar waren. Zudem schossen die Kroaten, die sich in Posottendorf auf der anderen Seite der Neiße aufhielten, während des ganzen Feuers über den Fluß. Ein großer Teil des Dorfes lag in Schutt und Asche. Die Leschwitzer Kirche blieb weitestgehend unversehrt. Sie schien in den vorangegangenen Monaten den Truppen mitunter als Feldkirche gedient zu haben. Von einem russischen Popen etwa, wurde ein russisch-orthodoxer Gottesdienst gehalten. Nach Napoleons endgültiger Niederlage wurde am 22. Mai 1815 auf Beschluss des Wiener Kongresses ein Teil Sachsens und der Oberlausitz, und mit diesem auch Leschwitz, an Preußen abgetreten. Am 3. August wurde in Leschwitz feierlich seiner Majestät Friedrich Wilhelm III., dem König von Preußen, gehuldigt[44].

Auferstehungskirche Weinhübel | Das Äussere

DAS ÄUSSERE

Am Äußeren der Kirche ist ablesbar, dass der Bau in Etappen erfolgte. Das Kirchenschiff mit der deutlich sichtbar angesetzten, etwas niedrigeren polygonalen Apsis wurde nach und nach von Anbauten umbaut, was deutlich an der Dachlandschaft zu erkennen ist. Die ehemals wohl vom Wetter ungeschützten Zugänge in die Kirche, das zweiflügelige Westtor und die dorfseitig gelegene Nordtür, bekamen Vorbauten, wobei der um 1800 erfolgte Treppenhausanbau an der Nordseite den wohl ursprünglichen Zugang – eine Freitreppe – zur oberen Loge ablöste und zugleich die alte Eingangstür schützt. Die untere Loge ist direkt von außen zu erreichen. Der Sakristeianbau im Osten wurde ebenfalls um 1800 angefügt. Die unverbaut gebliebenen Spitzbogenfenster der Apsis und die drei Fenster des Kirchenschiffes vermitteln noch einen Eindruck von der mittelalterlichen Kirche. Diese wurde anscheinend recht früh mit einem Turm versehen. Den alten Turm hatte 1562 der Sturm herunter gerissen. 1563[45] war der Kirchturm wieder aufgebaut und offenbar prognostisch so stabil, dass er das in den 1570er Jahren gegossene Dreiergeläut mühelos aufnehmen konnte. Die Kirche umgibt ein mit einer hohen Mauer eingefriedeter Kirchhof, der gleichzeitig als Friedhof genutzt wird.

DER INNENRAUM

Die Auferstehungskirche ist eine einschiffige Kirche, wobei ein mit rankenartigen Bemalungen versehener mittelalterlicher Triumphbogen das Kirchenschiff von der Apsis trennt. Der älteste Bereich ist der Altarraum, die Einwölbung verweist ebenfalls auf das Mittelalter als

Nordfassade mit Logenanbau

Altarraum

Erbauungszeit. Von der Gewölbemitte gehen sechs mit Dornenranken bemalte Rippen sternförmig ab. Diese gabeln sich im weiteren Verlauf, führen zu den Gewändenischen der Chorfenster und gehen dort in die Mauer über. Eine Gewölberippe bildet eine Ausnahme. Sie endet am Triumphbogen. Von den ursprünglich fünf gotischen Spitzbogenfenstern erhellen nur noch das Süd- und das Südostfenster den Altarraum. Das Morgenfenster wurde wahrscheinlich um 1800 beim Anbau der Sakristei zugesetzt. Von ihm ist lediglich das Gewände noch deutlich zu erkennen. An die Stelle der beiden anderen Fenster trat die zweietagige Herrschaftsloge. Die an verschiedenen Stellen zu erkennenden rot gemalten Weihekreuze wurden 1959 bei Restaurierungsarbeiten frei gelegt. Sie sind ein Relikt aus der Frühzeit der Kirche und wurden dann angebracht, wenn eine Kirche neu geweiht worden ist, wie etwa nach den Zerstörungen der Hussiten.

Weihekreuz im Altarraum

Das Kirchenschiff überdeckt eine Stichkappentonne, die in Form eines Netzgewölbes mit vorgeputzten Zierrippen überzogen ist[46]. Die Wände umläuft eine Empore. Darüber befindet sich an der Westseite noch die Orgelempore, welche sich weiter an der Nordseite entlang zieht. Die ehemals mit einem Ölanstrich versehenen Emporenbrüstungen sind seit der Kirchenrenovierung von 1959 holzsichtig, einer damals üblichen restauratorischen Auffassung. Bei dieser Renovierung wurde auch der große Glaskronleuchter entfernt[47]. Die beiden Messingkronleuchter sind ein Geschenk vom Besitzer der Gutsherrschaft Nieder-Leschwitz Johann Christian Müller, anlässlich der ersten in Leschwitz abgehaltenen Christnachtsfeier 1810. Zu der Schenkung gehörten noch drei zinnerne Leuchter für den Altar und die Sakristei mit zugehörigen Lichtscheren und 60 Stück eiserne Leuchter mit Holzschrauben zur Befestigung[48].

Emporeneinbau, seit 1959 materialsichtig

Aus dem mittelalterlichen Ursprung der Kirche haben sich keine Einrichtungsgegenstände erhalten. 1422 besaß die Kirche vier Altäre. Der Hauptaltar war der heiligen Maria

Altar, zwischen 1683 und 1693

geweiht, die anderen Altäre Johannes dem Täufer, dem heiligen Pancratio und der heiligen Agnete[49]. Die gegenwärtige sakrale Inneneinrichtung entstand nachdem der Dreißigjährige Krieg schon einige Jahre zurücklag und sich das Land langsam erholte. Damals erblühte der sächsische Barock. Es war jene Zeit, als in Sachsen nacheinander Johann Georg III. (1647–1691), und Johann Georg IV. (1668–1694) und Friedrich August I, genannt August der Starke (1670–1733) die Kurfürsten[50] waren. Dem Zeitgeschmack entsprechend spiegeln die Prinzipalstücke eine Kunstepoche wider, die durch lebendige Bewegung, Pracht und leidenschaftlichen Ausdruck geprägt war.

ALTAR

Der steinerne **Altarblock** trägt noch die Gestalt, wie sie in den ersten christlichen Kirchen als Mensa üblich war. Dahinter erhebt sich das Retabel eines Passionsaltars, wobei die inhaltliche Aussage vertikal zu lesen ist. Im Bildprogramm steht Jesus im Mittelpunkt. Es zeigt markante Stationen der Passionsgeschichte auf. Die **Predella** präsentiert eine aus Holz geschnitzte plastische Abendmahlsdarstellung. Jesus und seine Jünger sitzen um einen gedeckten Tisch. In dessen Mitte liegt ein Opferlamm. Jesus, als die zentrale Figur, ist golden gewandet und sein Haupt von einem Heiligenschein umgeben. Seine linke Hand ist zu einer segnenden Geste erhoben. Der rechte Arm weist zu Judas. Er ist gut zu erkennen, da er als einziger der Jünger ein Erkennungsmerkmal, den Geldbeutel, bei sich hat. Die Flanken der Predella sind mit Engelsköpfen geschmückt. Von da streben Schmucksäulen empor, die von Weinreben umrankt sind, ein Sinnbild für den Bibelspruch: „Ich bin der Weinstock, ihr seid die Reben. Wer in mir bleibt und ich in ihm, der bringt viel Frucht; denn ohne mich könnt ihr nichts tun." (Johannes 15, 5)

Heiliges Abendmahl, Predella

Christus am Kreuz zwischen den zwei Schächern, Altarbild, unbekannter Meister

Das ovale **Altarbild** zeigt eine volkreiche Kreuzigungsszene auf dem Kalvarienberg. In der Mitte ist der dornenbekrönte Jesus in eingesunkener Körperstellung am Kreuz zu sehen – doch trotz seiner Qualen in würdevoller Haltung. Beidseitig von ihm stehen die Kreuze der mit ihm verurteilten Übeltäter. Diese hingegen sind in entsetzlichen Posen dargestellt. Am Fuß des mittleren Kreuzes kniet eine gut gekleidete Frau, Maria Magdalena. Sie war, wie die Evangelisten berichten, Jesus nachgefolgt und somit Zeugin der Kreuzigung. Die rechte Bildseite wird von einer Gruppe trauernder Frauen beherrscht. Unter ihnen befindet sich Mutter Maria. Sie ist beim Anblick ihres Sohnes unter dem Kreuz zusammengesunken und wurde von ihren Begleiterinnen aufgefangen. Alle vier Evangelien berichten, dass bei der Kreuzigung auch Frauen anwesend waren. Johannes beschrieb: „Es stand aber bei dem Kreuze Jesu seine Mutter und seiner Mutter Schwester, Maria, des Kleopas Frau, und Maria Magdalena." (Johannes 19, 25) Alle vier Frauen sind in der Viererguppe im Vordergrund des Altarbildes vereint, wobei die hintere, leicht über die Gruppe gebeugte Frau eine Sonderstellung einnimmt. Es ist wiederum Maria Magdalena. Sie ist an dem Tüchlein zu erkennen. Mitten in der ganzen Aufregung ist ein orientalisch gekleideter Reiter auf einem auffallend edlen weißen Pferd mit aufwendigem Zaumzeug zu sehen. Der Reiter trägt einen weißen Turban mit aufgesetzter Feder und einen roten Überrock, darüber ein über die Schulter gegürtetes reich verziertes Wehrgehänge an dem ein Krummsäbel hängt, was ihn aus den anderen anwesenden Personen heraushebt. Das sind jene Attribute, die ihn als Hauptmann erkennen lassen. Sein Blick ist nicht (mehr) zum Kreuz gerichtet, sondern er beobachtet das Mühen der Frauen um Mutter Maria. Sein Begleiter ist ebenfalls hoch zu Ross. Dessen Pferd hat jedoch die entgegengesetzte Richtung des Schimmels eingeschlagen und streift das Ereignis lediglich. Das Geschehen wird im linken Bildrand von einem Geistlichen abgerundet. In ihm ist der im Johannesevangelium erwähnte Jünger, „den er [Jesus] lieb hatte" (Johannes 19, 26) zu sehen. Ganz versteckt hinter dem Stützbalken des linken Kreuzes sieht ein Mann mit offenem Gesichtsausdruck hervor. Entsprechend der damaligen Gepflogenheiten hat sich hier der Künstler verewigt.

Die ganze Szenerie ist in einen gestalteten Hintergrund eingebettet. Im Fall des Tafelbildes ist der Felsen links im Bild eine Anspielung auf das Felsengrab. Der mittlere Bildhintergrund bildet eine Stadt ab. Und diese Stadt ist sehr konkret. Sie ist tatsächlich das Görlitz im 17. Jahrhundert! Zu sehen sind von links nach rechts: die Stadtkirche St. Peter und Paul[51], Nikolaikirche, Nikolaiturm, Dicker Turm, Reichenbacher Turm, Dreifaltigkeitskirche, Rathaus, die Kreuzkapelle der Heiligen Grabanlage und daneben das Heilige Grab. Letzteres ist in der Görlitzer Realität viel niedriger als die benachbarte Kapelle mit ihrem hohen schlanken Turm. Damit das eigentliche Heilige Grab auf dem Altarbild auch gut zu sehen ist, wurde es überhöht dargestellt und erhielt die golden glänzende Kuppel der Grabeskirche von Jerusalem. Die Stadtansicht erhebt nicht den Anspruch einer topographisch genauen Abbildung, sondern hier geht es darum, dass Görlitz zu erkennen ist und mit seinem Heiligen Grab als die nächstgelegene und auch für die einfache Bevölkerung erreichbare Pilgerstätte in Bezug zum Karfreitagsgeschehen gebracht wird.

Auferstandener Christus, Altarbekrönung

Den weiteren Aufbau des Altars ziert nochmals ein von Schmucksäulen flankiertes **Relief**. Es zeigt die Grablegung Jesu mit Josef von Arimathäa an dessen Schulter.

Dieser hatte bei Pilatus darum gebeten, den Leib Jesu in dem für sich reservierten Felsengrab bestatten zu dürfen. Daneben steht Johannes und an den Füßen Nikodemus, welcher Myrrhe und Aloe für die Salbung gebracht hatte. Maria und Maria Magdalena halten sich im Hintergrund auf. Diese Szene schließt ein darüber gesetztes Dreieck als Zeichen der Trinität ab. Solche Dreiecke wurden besonders in der Barockzeit als ein Symbol für die Heilige Dreifaltigkeit, die Trinität von Vater, Sohn und Heiligem Geist, benutzt. In der Dreiecksfläche steht in hebräischen Buchstaben das Wort Jahwe. Als Altarbekrönung heben zwei Engelputten den auferstandenen Christus in Siegerpose empor.

Der Entstehungsprozess solch eines geschnitzten Altars mit Tafelbild und eingefügten Reliefdarstellungen erfolgte üblicherweise in drei Etappen. Zunächst war ein Bildschnitzer für die Herstellung des Korpus zuständig, dann ein Maler, der dem Altar die farbliche Fassung und die Vergoldung gab sowie ein Kunstmaler und ein Bildschnitzer, die das einzufügende Altarbild und die Reliefs schufen. Der hiesige Altar wurde innerhalb von zehn Jahren geschaffen. 1683 erhielt der Bildschnitzer Jacob Riese 12 Thaler, 14 Groschen zur Verfertigung des Altars und Elias Kramer[52], ein Maler aus Pribus bei Bad Muskau, bekam 1690 40 Thaler um den fertigen Altar auszumalen. Dennoch schien irgendetwas vorgefallen zu sein, da 1692, nur zwei Jahre später, „dem Bildschnitzer für den reparierten Altar" nochmal 26 Thaler gezahlt wurden. Des Weiteren erhielt auch Elias Kramer 1693 für das Malen des Altars 40 Thaler[53]. 1693 konnten der neue Altar und auch eine neue Orgel geweiht werden. Der Schöpfer des Altarbildes ist nicht bekannt[54]. Klar ist jedoch, dass dieses Motiv keineswegs die Grundidee

oben: Christus am Kreuz zwischen den zwei Schächern, 1590, Aegidius Sadeler, Kupferstich, Städtische Museen Zittau

unten: Christus am Kreuz, Albrecht Dürer, Kunstdruck

des ausführenden Kunstmalers gewesen ist, sondern dass diesem Gemälde der Kupferstich „Christus am Kreuz zwischen den beiden Schächern" des niederländischen Malers und Kupferstechers Aegidius Sadeler (1570–1629) als Vorlage diente. Der Kupferstich wiederum entstand 1590 von Sadeler als Reproduktionsstich nach einem Bild des Münchner Hofmalers Christoph Schwarz (um 1548–1592)[55], verbreitete sich rasch und wurde zu einer beliebten und weit verbreiteten Motivvorlage für lutherische Altäre und Epitaphien. Der Weinhübler Kalvarienberg ist ganz im Trend der damaligen Künstlerpraxis der „Kreativen Kopie" entstanden. Anzutreffen ist das Motiv beispielsweise in der Pfarr- und Klosterkirche St. Johannes Evangelist in Mallersdorf/Niederbayern aber auch in den Schlosskapellen von Landeck in Österreich und Friedland/Frýdland in Tschechien und ganz besonders hier in der Oberlausitz, so mehrfach in Zittau und Bautzen, in der Stadtkirche von Königsbrück, in St. Peter und Paul in Görlitz sowie in den Dorfkirchen von Friedersdorf an der Landeskrone, Uhyst an der

Auferstehungskirche Weinhübel | Der Innenraum

Kanzel, nach 1700

Spree und Zodel. Für den oberlausitzer Raum sind zwei Maler namentlich bekannt: Sigismund Heinrich Kauderbach (1655– nach 1700) aus Bautzen mit dem Altarbild in der Michaeliskirche in Bautzen und Friedrich Kremsier aus Zittau mit den Tafelbildern in der Dorfkirche von Friedersdorf und der Kreuzkirche Zittau (1654). Beide haben sich mit spezifischen Merkmalen und als Selbstporträt verewigt. Vergleiche erbrachten, dass die Weinhübler Kreuzigungszene und die Kreuzigungsdarstellung von Uhyst an der Spree einander sehr nahe stehen[56].

Der „Christus am Kreuz zwischen den beiden Schächern" zierte jedoch nicht ununterbrochen die Retabel. Um 1935 nahm ein „neuzeitlicher Öldruck den ursprünglichen Platz des Altargemäldes ein"[57]. Das ursprüngliche Tafelbild hing während dieser Zeit an der Rückwand des Altarschreins. Der damals dort eingefügte Druck zeigt den gekreuzigten Jesus und befindet sich jetzt über der Tür zur Sakristei.

KANZEL

Ein besonderer Ort für die Verkündigung des Wortes Gottes ist die **Kanzel**. Kanzeln kamen für die Predigt ab dem späten Mittelalter in Gebrauch. Diese waren meist an Pfeilern im Hauptschiff der Kirche angebracht. Später rückten sie immer weiter zum

Der Innenraum | Auferstehungskirche Weinhübel

Kanzelkorb

Altar hin, so wie es diese Kanzel zeigt. Sie entstand vermutlich im ersten Viertel des 18. Jahrhunderts. Ihr Bildprogramm an Kanzelaufgang und Kanzelkorb berichtet vom Leiden und Tod Jesu. Das Besondere an dieser Kanzel ist, dass nicht Jesus selbst auf dem Weg zur Kreuzigung oder am Kreuz dargestellt ist, so wie es oft an Kreuzwegstationen zu sehen ist, sondern hier wird das Geschehen von Engeln aufgezeigt. Zunächst begleitet das Schweißtuch der Veronika den Aufgang zur Kanzel. Es wird von zwei vollplastischen Putten gehalten. Vom Kanzelkorb hat eine lebendige Engelschar Besitz ergriffen. Die Figurenfülle und der Formenreichtum vermitteln ein Bild barocker Üppigkeit. Ganz vorn reckt ein bis zur

oben: Kanzeldeckel mit dem auferstandenen Christus

unten: Taube als Symbol des Heiligen Geistes im Schalldeckel der Kanzel

Hüfte plastisch ausgearbeiteter Engel dem Betrachter die Dornenkrone entgegen. Die Szenerie steigert sich. Es folgen ebensolche Engelfiguren mit den Marterwerkzeugen Hammer und Lanze (abgebrochen) sowie einer Zange und dem Schild mit der Kreuzesüberschrift INRI. Neun weitere kleine Engelköpfchen beleben die Szenerie. Aus dem Gewimmel erscheint an exponierter Stelle eine weiß gekleidete Figur, die als einzige keine Engelsflügel hat. Sie hält momentan mit zarter Geste ein Kreuz als Symbol für die Kreuzigung Christi. Etliche Dinge weisen auf den Gedanken, sie als Maria Magdalena zu sehen. Zum einen war sie nach biblischer Überlieferung die Einzige von Jesu Getreuen, die sowohl bei der Kreuzigung anwesend war als auch ihn gesalbt hat und der sich Jesus nach seiner Auferstehung als Erste zu erkennen gab. Zum anderen deuten die langen wallenden Haare und das kostbare, golden verzierte Gewand als oft benutzte Darstellungsformen der Maria Magdalena auf sie hin. Die Haltung ihrer Arme und Hände, ist nicht dafür geeignet, ein Kreuz fest umschlossen zu halten. Wohl aber würde in ihre rechte Hand ein Salbgefäß passen, was thematisch noch zum Geschehen am Kanzelkorb gehören würde und außerdem auch ihr Attribut wäre.

Die Unterseite des **Schalldeckels** ziert eine auf gelb-orangenen Hintergrund gemalte Taube. Sie symbolisiert den Heiligen Geist. Biblischer Hintergrund ist, dass Jesus bei seiner Taufe den Geist Gottes wie eine Taube herabfahren und über sich kommen sah[58].

Am kronenartigen Schmuckaufsatz stehen, als Mahnung an die Gemeinde einen redlichen Lebenswandel zu führen, die Tafeln mit den 10 Geboten, die einst Mose empfing. Über dem Kanzeldeckel triumphiert der auferstandene Christus in erhabener Pose mit Siegesfahne und Palmenzweig in seinen Händen. Er wird von Engelswesen nahezu empor gehoben, Christus steht somit über allem Irdischen. Diese Kanzel ist ein hervorragendes Beispiel einer lutherischen Kanzel, bei der die seit der Gotik üblichen Darstellungen der Evangelisten und Kirchenlehrer durch Bildfolgen aus Jesu Leben, Passion und Auferstehung ersetzt werden. Um die Kanzel sind vereinzelt bandartige Malereien zu erkennen. Das sind die spärlichen Reste eines gemalten Vorhanges, der aus gemalten Wolken in Höhe des auferstandenen Christus hervortrat und bis zum Fußboden reichte[59]. Somit sind Altar und Kanzel von der Grundaussage her eng miteinander verbunden. Beide ergänzen sich szenisch, ausgehend vom letzten Abendmahl über die Marter bis hin zur Kreuzigung und Auferstehung. Diese Konstellation der durchdringenden inhaltlichen Zusammengehörigkeit kommt in den Kirchen nur sehr selten vor. Dabei ist besonders zu erwähnen, dass nicht nur die Bildinhalte von Altar und Kanzel korrespondieren, sondern beide auch in der künstlerischen Gestaltung durch die Wiederkehr von Formen und Farben eng verbunden sind. Beide spiegeln barocke Formen in wunderbarer Weise wider, das ist besonders augenscheinlich an den vielfältigen Engelchen an Altar und Kanzel, aber auch am weiteren Schnitzwerk, wie den drapierten blauen Tüchern auf dem Kanzeldeckel und der Altarbekrönung als Sinnbild für den Himmel. Der sowohl über dem Altar als auch der Kanzel erscheinende auferstandene Christus gab der Kirche ihren Namen. Anlass dafür war die 1949 vorgenommene Eingemeindung des eigenständigen Dorfes Weinhübel/Leschwitz nach Görlitz.

TAUFENGEL

Stehender Taufengel, 1694

Vor allem ist es die farbliche Fassung, die insbesondere als rote Marmorierung um das Altarbild wie auch am Kanzelkorb als auch am Taufbecken des zeitgleich geschaffenen **stehenden Taufengels** anzutreffen ist und ein wesentliches verbindendes Element bildet. Der Taufengel befand sich mindestens seit Beginn der 1930er Jahre in so desolatem Zustand, dass die Taufen an einem neu gekauften Taufbecken – „armselig in seinen Formen, mit weißem Ölanstrich versehen, Marmor vortäuschend"[60] – vorgenommen wurden. Der stehende Engel wurde 1934 vom Görlitzer Bildhauerehepaar Wollbrück wiederhergestellt. An die „neue Taufe" erinnert nichts mehr. Der **schwebende Taufengel**, von schlichter Eleganz und Anmut, ist das wohl augenfällige Merkmal dieser Kirche. Doch er ist in dieser Region nicht allein. So unterschiedlich die Engel auch sein mögen, sie alle vereint die Vorliebe unserer Vorväter für lebendige Inszenierungen des biblischen Geschehens. Das führte in der zweiten Hälfte des 17. bis zum Ende des 18. Jahrhunderts in den protestantischen Kirchen zur weiten Verbreitung schwebender Taufengel. Diese waren vorwiegend in der ländlichen Gegend anzutreffen, was auch mit dem anwachsenden Platzbedarf in den eher kleinen Dorfkirchen zu erklären ist. Als himmlische Boten

schweben sie von der Kirchendecke herab. In anschaulicher Weise wird so die Verbindung von Himmel und Erde verdeutlicht. Der Engel ist im wahrsten Sinn des Wortes ein Bote oder Gesandter, ein Mittler zwischen Gott und den Menschen, dem Himmel und dieser Welt. So haben die schwebenden Engel ihren Platz meistens an zentraler Stelle vor dem Altar. Die Kleidung der Engel unterlag sehr stark dem jeweiligen Zeitgeschmack. Der Weinhübler Engel ist in ein Gewand gehüllt, dass sich scheinbar an der Antike orientiert. Das Unterkleid ist über dem etwas ausgestellten Bein geschlitzt und mit einem Zierknopf am Ende des Einschnittes versehen. Das Obergewand reicht etwa bis zur Mitte des Oberschenkels und wird von einem breiten Gürtel zusammen gehalten. Neben dem

Schwebender Taufengel, vermutlich 1788

links: Erscheinungsbild 1959–2019

rechts: nach Originalbefund restauriert

praktischen Zweck, ist er hier wohl gleichzeitig ein Sinnbild. Den Gürtel umschnallen, gegürtet zu sein, bedeutet sich bereit machen, um etwa auf eine Mission oder Reise zu gehen. Die Schließe des Gürtels bildet eine geöffnete vierblättrige Blume. Blumen versinnbildlichen das Zerbrechliche, wie ein neugeborenes Kind oder das Flüchtige des irdischen Lebens. Der Engel erreicht fast die Größe eines erwachsenen Menschen und wird nach alter Tradition auch heute noch zu Taufen herabgelassen. Er steht somit als golden glänzender himmlischer Bote mitten in der Gemeinde. In würdevoller aufrechter Haltung hält er

Orgel, Carl Nissler, 1875

verheißungsvoll eine Krone in seiner rechten Hand, die an der Unterseite zusätzlich mit Lorbeerblättern geschmückt ist. Lorbeer ist das Symbol für Triumph und Sieg. Da die Lorbeerpflanze immergrün ist, steht Lorbeer für Ewigkeit oder Unsterblichkeit. Die Krone nimmt eine Schale für das Taufwasser auf. Die Taufschale hat die Form einer Muschel und ist auf das Jahr 1788 datiert. Weitere Anhaltspunkte zur Herkunft und Entstehungszeit des Taufengels gibt es bislang nicht. Auffallend ist, dass dieser Engel und der Taufengel in der Friedersdorfer Kirche in Bezug auf die künstlerische Handschrift wie Haltung, Gestik, Kleidung, farbliche Gestaltung, Kernaussage – überhaupt von der gesamten Erscheinung – eine frappierende Ähnlichkeit aufweisen. Den ebenso gut vergoldeten Friedersdorfer Engel schufen 1787 der Ostritzer Bildhauer Joseph Jentsch und der Staffierer Joseph Richter, die im Umfeld des Klosters St. Marienthal anzusiedeln sein dürften[61].

DIE ORGEL

Die Orgel ist ein Werk von Carl Nissler (1844/45–1917). Dieser war zunächst Orgelbauer in Glatz/Kłodzko, kam dann nach Görlitz und siedelte um 1880 nach Berlin über. Er schuf das hiesige Instrument nach eigener Signatur 1875 als Schleifladenorgel[62] und stattete es mit zwei Manualen, einem Pedal, 16 Registern und 2 Koppeln aus. Der schlichte weiße, golden abgesetzte Prospekt ist in der klassischen Dreiteilung mit erhöhtem Mittelteil ausgeführt, wobei jedes Feld im oberen Bereich mit zwei gekoppelten Zierbögen ausgeschmückt ist. Als Bekrönung ist dem waagerecht abschließenden Prospekt aneinandergereihtes Blattwerk aufgesetzt. Die Orgel ist ein Geschenk der Dresdner Kaufmannsfamilie Demisch. Diese

Orgel löst das Vorgängerinstrument von Orgelbauer Johann Gottfried Augustin aus Zittau ab, welches 1805 eingebaut worden war und 16 Register besaß[63].

DIE GLOCKEN

Die Kirche besitzt seit den 1570er Jahren ein Dreiergeläut. Von diesem Geläut mussten die mittlere und kleine Glocke im Ersten Weltkrieg abgegeben werden. Sie wurden 1921 von zwei Stahlgussglocken der Firma Schilling und Lattermann in Morgenröthe ersetzt. Vom ersten Geläut ist die große Bronzeglocke erhalten geblieben. Diese wurde im Zweiten Weltkrieg eingezogen und landete, wie die vielen anderen Glocken auch, auf dem sogenannten Glockenfriedhof in Hamburg. Dort wurde sie nach dem Krieg unter den noch nicht eingeschmolzenen Glocken wieder entdeckt und konnte der Gemeinde 1950 zurückgegeben werden. Ihr Guss erfolgte am 13. Juli 1571 durch Tobias Laybener (1536–vermutlich 1582) aus Zittau. Sie ist mit 600 kg nicht nur ein gewichtiges Meisterwerk mittelalterlicher Glockengießerei sondern auch reich an hochwertigen Verzierungen und informativen Inschriften. Unter anderem ist der Name des damaligen Ortsgeistlichen vermerkt. Das war Johann Schmieden/Johannes Schmied (1535–1609). Sein Epitaph ist als einziges erhalten geblieben und befindet sich an der Nordseite der Kirche. Die Glocke ist das älteste Ausstattungsstück dieser Kirche und ruft noch heute die Gemeinde in Freud und Leid zusammen.

Ansicht von Osten

Die Glocken | Auferstehungskirche Weinhübel

DORFKIRCHE TAUCHRITZ

LAGE UND GESCHICHTE

Die heute unter Denkmalschutz stehende Dorfkirche von Tauchritz kann auf eine über 300 Jahre währende Geschichte zurückblicken. Ihre Wurzeln liegen jedoch erheblich früher und sind auf das Engste mit der Orts- und Patronatsgeschichte verwoben. Tauchritz liegt etwa 17 km südlich der Stadt Görlitz, bildete seit 1957 mit Hagenwerder eine Gemeinde und wurde 1994 nach Görlitz eingemeindet.

Die erste belegbare Nennung des Ortes **Tauchritz** geht auf eine Urkunde von 1317 im Klosterarchiv St. Marienstern in Panschwitz-Kuckau zurück, in der ein Otto de Thucharaz Erwähnung fand[64]. Der Ortsname Tauchritz gilt als altsorbischer Herkunft und soll so viel wie Ort in dumpfiger Gegend ausdrücken[65]. Diese Deutung wird durch die ursprünglichen natürlichen Gegebenheiten bekräftigt. Die Ortsflur war einst durch die Auen der Bachläufe von Pließnitz und Gaule bestimmt. Zudem dominierten zahlreiche Teiche das Landschaftsbild[66]. Die Fischerei fand hier bereits 1399 Erwähnung und 1409 dürften die ersten künstlich angelegten Teiche vorhanden gewesen sein[67]. Somit wäre der Ortsname Tauchritz durchaus mit der feuchten Umgegend der hier errichtet gewesenen mittelalterlichen Wasserburg in Einklang zu bringen.

Bezeichnend ist, dass Tauchritz von der ersten Erwähnung an ohne Unterbrechung für ungefähr 450 Jahre eine selbstständige Grundherrschaft in den Händen

Dorfkirche Tauchritz

bedeutender Oberlausitzer Adelsgeschlechter war. Das heißt, Tauchritz gehörte nicht wie die meisten umliegenden Ortschaften zu einem Klosterbesitz oder zu den Ratsdörfern von Görlitz. Von großer Bedeutung für die wirtschaftliche Entwicklung der Grundherrschaft war ferner, dass Tauchritz immer nur einen einzigen Rittersitz aufwies, der als Gesamtbesitz entweder in geschwisterlicher Erbteilung weiter gegeben oder insgesamt veräußert worden ist und somit niemals zerteilt wurde. Infolgedessen war mit der flächenmäßigen Substanz an Grund und Boden immer für eine gewisse Wirtschaftlichkeit des Anwesens gesorgt. Aus dem privaten Rittersitz Tauchritz wurde 1749 ein Stiftsgut des freien weltadligen Fräuleinstiftes Joachimstein in Radmeritz/Radomierzyce[68]. Die jeweiligen Grundherren besaßen traditionell auch das Kirchenpatronat. Zu den Patronatspflichten gehörte vor allem das Tragen der Baulast an Kirche und Pfarrhaus, hier in Tauchritz auch am Schul- und Kantorhaus. Tauchritz besaß bis zum 1. April 1929 eine eigene Pfarrstelle. Ab da waren Radmeritz und Tauchritz bis 1945 pfarramtlich verbunden. Pfarrsitz war Radmeritz.

DIE FRÜHEN GRUNDHERREN

Das erste namentlich nachweisbare Patronat auf Tauchritz hatte Nikolaus von Neueshove (gest. um 1322) inne. Dieser wurde im ältesten Görlitzer Stadtbuch von 1305 mehrfach als Nycolaus von Neveshove, der Richter, genannt. Wann und von wem er zu diesem Besitz gelangte, ist unbekannt. Fest steht nur, dass sein Sohn Eymund 1322 mit dem Landgut Tauchritz belehnt wurde[69]. 1346 wurde Tauchritz in der für die Geschichtsforschung der Oberlausitz außerordentlich wichtigen Meißner-Bistumsmatrikel als „Ecclesia ibidem Teuchertz" zum „Sedes Görlitz" zugehörig verzeichnet[70]. Demnach hatte sich bereits in der Mitte des 14. Jahrhunderts im Ort Tauchritz eine Kirchstelle befunden, die dem Erzpriestersitz Görlitz zugeordnet war. Nach 1339 gelangte Tauchritz durch ausgedehnte Landkäufe in den Besitz von Friedrich von Bieberstein (vor 1306–1360), einem der mächtigsten Herren im Königreich Böhmen und engem Vertrauten von König Karl IV. (1316–1378) in Prag[71]. Er besaß mit der Herrschaft Friedland/Frýdlant den Familiensitz und erhielt 1357 die Herrschaften Tauchritz und Landeskrone mit den zugehörigen Dörfern Kunnerwitz, Neundorf und Klein-Biesnitz[72] vom nunmehrigen Kaiser Karl IV. als Lehen[73]. In diesem Jahr wurde von der „veste Tucheras" gesprochen, einem Vorgängerbau des Wasserschlosses. Bieberstein galt allerdings als streitsüchtiger Ritter[74]. Das offenbarte sich deutlich, als 1349 sieben berittene Görlitzer Bürger in Friedland erschienen. Sie hatten vergeblich Klage gegen Nitsche von Rackwitz[75], einen Vasallen Biebersteins, geführt, da dieser im Weichbild von Görlitz sein Unwesen trieb. Daraufhin wollten die Görlitzer dem Treiben Einhalt gebieten und suchten Bieberstein in Tauchritz auf. Dieser versprach Hilfe. Als die Berittenen Rackwitz auf ihrem Heimweg begegneten, jagten sie ihn nach Friedland zurück. Währenddessen traf auch Bieberstein, von Tauchritz kommend, in Friedland ein und soll gesprochen haben: „Nun schlagt unsere rechten Feinde, die uns suchen in unserer Feste."[76] Alle sieben Görlitzer wurden von Biebersteins Vasallen in und vor den Toren Friedlands getötet. Die Morde sollten nicht ungesühnt bleiben. Bieberstein wurde von der Königlichen Kammer in Prag dazu verurteilt, diese Morde mit seinem Geld aufzuwiegen und eine Sühnekapelle zu errichten. Die gezahlten 200 Schock böhmische Groschen[77] wurden zum Bau einer Hospitalkirche, der heutigen Frauenkirche, vor den Toren der Stadt Görlitz verwendet[78]. Dieses Ereignis zeigt, wie notwendig im Mittelalter Bündnisse gegen Räuberbanden und das Raubrittertum waren. Hier ist der 1346 gegründete Sechsstädtebund einzuordnen, ein Schutzbündnis der Städte Bautzen, Görlitz, Kamenz, Lauban/Lubań, Löbau und Zittau. 1380 bekundeten Biebersteins Söhne, die Brüder Johann (Hans) (1342–1424) und Ulrich (1360–1406), dass ihr Oheim Zdenko von Donyn bei Goldberg/Złotoryja diverse Landkäufe getätigt habe und die daraus erzielten Einkünfte für die von ihm in Tauchritz zu errichtende Pfarrkirche vorgesehen hatte[79]. Da in der Bistumsmatrikel von 1346, also 34 Jahre vor den Landkäufen, Tauchritz bereits als Kirchstätte genannt worden war, ist zu vermuten, dass es sich hierbei zunächst nach mittelalterlichem Brauch um eine Eigenkirche, möglicherweise eine Hofkapelle gehandelt haben könnte und Donyn die erste Dorfkirche als Pfarr- und Patronatskirche errichten ließ. An die neue Kirche schien recht bald ein eigener Pfarrer berufen worden zu sein. Ein Jacobus Grobsitcz, Altarist zu Tauchritz, wurde sehr früh genannt[80]. 1418 war Johannes Tabernator erster zeitlich fixierter Geistlicher des Ortes.

DIE GRUNDHERRSCHAFT UNTER DEN HERREN VON GERSDORFF, 1360–1611

Dessen ungeachtet besaß mindestens seit 1360 Nicol (Nickel) von Gersdorff, das Gut Tauchritz als Afterlehen der Herrschaft Friedland[81]. Von dessen Söhnen gelangte Tauchritz an den böhmischen Edelmann Hans von Smoyn[82]. Die von Smoyn schienen zwischen 1399 und 1409 Ansprüche auf Tauchritz gehabt zu haben, die allerdings kurze Zeit später zu Gunsten der Gersdorffs wieder bereinigt wurden[83], so dass diese ab 1422 wiederum mit Tauchritz belehnt und auch, entgegen allen Gepflogenheiten, mit dem Ober- und Niedergericht ausgestattet wurden[84]. Da dieses Privileg zu dieser Zeit im Normalfall nur Städten zustand, kam es mit Görlitz immer wieder zu Streitereien. So bildete 1434 ein im Dorf aufgestellter Galgen den Gegenstand einer „Besprechung" zwischen der Stadt Görlitz und den Herren von Gersdorff. 1462 bekamen die Görlitzer das Obergericht von Tauchritz zugesprochen[85]. Bei der Belehnung von 1474 wurde der geäußerten Bitte, den Hof Tauchritz befestigen zu dürfen, stattgegeben[86]. Daraufhin begann eine rege Bautätigkeit, so dass bereits 1479 von „Basteien" gesprochen wurde[87]. Der letzte Patronatsherr aus dem Hause Gersdorff war Christoph d. J. von Gersdorff. Er starb 1609 und hinterließ zwei minderjährige Söhne. Das Stammgut Tauchritz wurde am 16. Juli 1611 durch deren Vormund Christoph Friedrich von Schwanitz zu Weigsdorf (gest. 1617) an Georg von Warnsdorf (gest. 1633) verkauft[88].

In die Zeit der Herren von Gersdorff fielen die **Hussitenkriege**, wobei die Oberlausitz mehrfach Durchzugs- und Kampfesgebiet war. Als die Oberlausitz 1427 erstmals direkt angegriffen wurde, erreichten die brandschatzend durch das Land ziehenden Truppen von Zittau kommend am 12. und 13. Mai Tauchritz und zerstörten den Rittersitz, den zu dieser Zeit Nickel von Gersdorff zu Eigen hatte. Dieser stand damals als Ritter in den Diensten der Stadt Görlitz, verstärkte dort pflichtgemäß das Heer und hatte sich deshalb an jenen schicksalhaften Tagen nicht in Tauchritz aufgehalten. 1429 hielt er sich in Horka auf. Die Angriffe der Hussiten vom November 1429 in Tauchritz schien dann Nickel d. J. abgewehrt zu haben. Weitere Überfälle ereigneten sich im Juni und Juli 1432 und im August 1433. Bei diesen Angriffen sahen sich die Görlitzer veranlasst, eine Schutztruppe zur Hilfe nach Tauchritz zu schicken[89]. Getragen durch einen Priesterkonvent hielt die **Reformation** ab 1525 im Kirchengebiet Görlitz Einzug. Die Entscheidung über die Annahme der Lutherischen Lehre trafen meist die Grundherren. Die damit im Zusammenhang stehenden neuen Gottesdienstformen wurden zügig umgesetzt, wobei die kirchliche Infrastruktur weitestgehend bestehen blieb. Zu Bilderstürmen oder anderen Auswüchsen kam es hier nicht. Nach der Reformation wurde 1547 der Lutherschüler Balthasar Dietrich (1525–1595) erster evangelisch ordinierter Pfarrer in Tauchritz. Dietrich stammte aus Görlitz. Er ging 1540 zur Ausbildung nach Wittenberg und wurde dort am 14. November 1547 von Luthers Weggefährten Johannes Burgenhagen (1485–1558) zum Pfarrer ordiniert[90]. Er bekam noch im gleichen Jahr die Pfarrstelle in Tauchritz und betreute auch Leuba.

DIE GRUNDHERRSCHAFT UNTER DEN HERREN VON WARNSDORF, 1611–1749

Die im Patronat folgenden Herren von Warnsdorf entstammten einem nordböhmischen Rittergeschlecht, das sich im 12. Jahrhundert in der Oberlausitz ansiedelte und weit verzweigte. Nach Gotthelf Benjamin Flaschner[91] (1761–1836) ist anzunehmen, dass aus diesem Geschlecht 24 Herren 1189 das Heer von Kaiser Friedrich I. Barbarossa (1122–1190) auf seinem Kreuzzug in das Heilige Land begleitet hatten. Hinweis darauf gibt deren Wappen. Dieses gilt als Anerkennung für Treue und Tapferkeit im Kriegszug gegen die Sarazenen[92]. Flaschner bemerkte, dass nach der 1190 erfolgten Rückkehr das Geschlecht in den Ritterstand erhoben und ihm das Wappen verliehen wurde. Das Wappenschild zeigt einen liegenden silbernen Halbmond mit aufwärts gerichteten Spitzen und darüber platziertem sechsstrahligen Stern auf blauem Feld. George Gottlob Pitzschmann (1652–1703), Pfarrer zu Taubenheim, deutete das Wappen 1683 in einer Taufpredigt dahingehend, dass der erste Ahnherr des hier anwesenden Herrn von Warnsdorf ein „tapffer-muthiger Kriegs-Held gewesen sey". Auch Pitzschmann verwies darauf, dass die Wappen von alters her meistens aus solchen Symbolen bestanden, „welche eine Anzeigung hoher und großer Ehre, Stärke, Mannheit und Tapferkeit in sich haben. Dem fällt der halbe Monden bey, als ein Stücke des Wappens, so bis auf den heutigen Tag das Ottomanische Reich führet". Weiter hieß es: „der erste Herr von Warnsdorff habe seinen Adel durch die wider selbiges ausgeübte Tapfferkeit erlanget, der Stern aber sey darumb datzu gesetzet, damit er zugleich bewehrete, wie die Uberwältigung der Festung zu der Zeit geschehen, da der gestirnte Himmel selbst darüber gefrolocket."[93]

Epitaph für den Patronatsherren Johann Christoph von Warnsdorf (1642–1685)

Georg von Warnsdorf und Logau (gest. 1633) wurde mit dem Kauf von Tauchritz zum Begründer der Hauptlinie Tauchritz. Nach seinem Tod 1633 führte seine Witwe Susanna geb. von Salza das Gut bis zur Volljährigkeit ihres Sohnes Johann (Hans) Christoph d. Ä. von Warnsdorf (gest. 1656). Dieser übernahm 1636 das durch den Dreißigjährigen Krieg überschuldete väterliche Gut. Im weiteren Kriegsverlauf wurde das Gut 1639 von kaiserlichen Soldaten komplett ausgeplündert[94]. Im Patronat folgte Johann Christoph d. J. von Warnsdorf (1642–1685). Dieser vermählte sich 1664 mit Maria Sidonia von Gersdorff (1644–1702). Hans Christoph d. J. von Warnsdorf starb im Dezember 1685 und wurde in der damals noch vorhanden gewesenen Erbgruft auf dem Tauchritzer Friedhof bestattet. Später bekam sein Epitaph als einziges Denkmal einen Platz in der Dorfkirche. Erbe wurden seine drei noch unmündigen Söhne, für welche ihre Mutter Maria Sidonia die Vormundschaft hatte[95]. Diese Frau verdient höchste Achtung. Auf ihrem Engagement fußen die Errichtung der barocken Dorfkirche nach dem verheerenden Brand von 1686 sowie Teile des mit abgebrannten Rittergutssitzes. Nachhaltig wirkte auch ihre Armenfürsorge. Bei dem jährlichen Ehrengedächtnis wurde die von ihr legatmäßig festgelegte Verteilung eines Geldbetrages an die Ortsarmen vorgenommen. Dieser Brauch wirkte weit mehr als einhundert Jahre über ihren Tod hinaus. Das Ritual ist noch 1831 nachzuweisen[96]. Ihr ältester Sohn, Johann (Hans) Christoph Gottlob von Warnsdorf (1677–1746), später Landesältester, gilt als Erfinder des Turfes, des Torfes, in der Oberlausitz[97]. Vorausgegangen war eine in den frühen 1730er Jahren stattgefundene Reise in die Niederlande. Dort lernte er den Abbau und die Nutzung von Torf kennen. Torf war zu damaliger Zeit in der Oberlausitz noch unbekannt und bot nun eine gute Möglichkeit, die Verknappung des Bau- und Brennstoffs Holz auszugleichen. Nach Warnsdorfs Rückkehr wurde in Tauchritz mit dem Torfabbau begonnen, dazu wurde ein Teich abgelassen und der Torf bis in eine Tiefe von etwa sechs bis sieben Metern gestochen und luftgetrocknet. Der Verkauf des Torfes erschloss eine neue Einnahmequelle. Er eignete sich unvergleichlich gut zum Heizen der Kamine und Öfen. Besonders schätzte man, dass er die Stuben schnell warm werden ließ, sparsam brannte und die Hitze lange anhielt. Die Erfahrung zeigte aber auch, dass die Asche zum Düngen der Felder untauglich ist. Beim Stechen des Torfes wurden zudem die ersten Braunkohlestücke entdeckt und mit abgebaut. Diese fanden zunächst zum Düngen der Felder und später auch zum Heizen Verwendung[98]. Infolgedessen kann von Tauchritz als der Wiege des Torf- und Braunkohletagebaus in der Oberlausitz gesprochen werden. 1743 schien Hans Christoph Gottlob von Warnsdorf alleiniger Besitzer des Rittergutes Tauchritz gewesen zu sein. Da ihm keine Söhne als Lehnserben beschieden waren, verkaufte er das Gut 1743 an seine zweite Gattin Maria Charlotte Erdmuth von Warnsdorf, geb. von Nostitz (1694–1746). Sie wiederum verkaufte am 13. Oktober 1746, zwei Tage vor ihrem Tod, das Gut an ihre fünf Töchter. Diese veräußerten 1749 gemeinsam das Anwesen[99]. Neuer Eigentümer war nun das „freye Weltliche Adelige Frauenzimmer und Fräuleingestift" Joachimstein zu Radmeritz, in dessen Besitz es als Stiftsdorf bis 1945 blieb.

In die Zeit der Patronatsherrschaft der Herren von Warnsdorf fiel der **Dreißigjährige Krieg**. Der Herbst 1639 bedeutete durch die Überfälle der Kaiserlichen Truppen für Görlitz und Umgebung einen Tiefpunkt im Kriegsgeschehen[100].

Konkret auf Tauchritz bezogen hieß es: „Die Höfe zu Tauchritz und Paulsdorf erlitten am 2. November Plünderung. Dabei war die Theuerung in diesem Jahre so groß, dass der Scheffel Korn 5 Thaler und Weizen 6 Thaler galt, was für jene Zeit ein ungewöhnlich hoher Preis war."[101] Die Verheerungen machten auch vor Geistlichen und der Tauchritzer Dorfkirche keinen Halt. Der damalige Pfarrer „wurde etliche Mal ausgeplündert und die Kirche verlor bereits 1636 bey einer ähnlichen Behandlung ihren letzten silbernen Kelch."[102]

Am 23. Juli 1667 vernichtete ein mächtiges Feuer den Pfarrhof[103]. Dabei brannte auch die Pfarrwohnung ab, wodurch der damalige Pfarrer Georg Hübner (1635–1694) „seine sämmtlichen Bücher, Schriften und viele andere Sachen [verlohr]. Bey diesem Brande ging auch das alte erste Kirchenbuch, mit vielen alten Nachrichten, mit verloren. Er [der Pfarrer] zog hernach 1684 nach Schönbrunn [Studniska]".[104] Nur neun Jahre später, am 5. Mai 1686, wütete in Tauchritz ein regelrechtes Flammeninferno, das durch Blitzschlag verursacht worden war. Bei diesem Flächenbrand brannten das Wasserschloss nebst elf Wirtschafsgebäuden, die Kirche, die Schule, ein Bauerngut und acht Gärtnernahrungen. Außerdem kamen zwei Knechte, 34 Pferde, 20 Rinder und viele Schafe in den Flammen um[105]. Obwohl es im Pfarrarchiv keine Unterlagen zu dem Wiederaufbau der Kirche gibt ist anzunehmen, dass nach dem Brand zunächst große Anstrengungen unternommen worden sein dürften, um mindestens das geistliche Leben und vor allem die Seelsorge aufrecht zu erhalten. Der Wiederaufbau der Kirche dürfte spätestens 1689 abgeschlossen gewesen sein. In dieses Jahr fällt der Guss der beiden Bronzeglocken, die im Dachstuhl des neuen Saalbaus untergebracht wurden. Stifterin der Glocken war die Bauherrin Maria Sidonia von Warnsdorf.

DIE GRUNDHERRSCHAFT UNTER DEM STIFT JOACHIMSTEIN, 1749–1945

Das Rittergut Tauchritz ging am 20. März 1749 durch Kauf an das Stift Joachimstein über. Das „freye weltliche Adeliche Fräuleingestift Joachim-Stein zu Radmeritz in der Oberlausitz" geht auf eine Stiftung von Joachim Sigismund von Ziegler und Klipphausen (1660–1734) zurück. Dieser war bei Kurfürst Johann Georg IV. von Sachsen (1668–1694) Kammerjunker, daraufhin einige Jahre bei Kurfürst Friedrich August I. von Sachsen, genannt August der Starke (1670–1733), polnisch-sächsischer Kammerherr und bekam danach wegen seines fortgeschrittenen Alters die Würde eines Ersten Kammerherren[106]. Das Stift, eine überaus repräsentative barocke Anlage, ließ Ziegler in den Jahren von 1712 bis 1728 auf eigenem Grundbesitz errichten. Es war bestimmt zur Aufnahme und ständigen Wohnung von zwölf Stiftsfräulein und einer Stiftshofmeisterin. Stiftsfräulein konnten unverheiratete und mittellose Damen werden, die laut Statut vorzugsweise „aus des Stifters Geschlecht und Anverwandtschaft von väterlicher und mütterlicher Seite bis zum achten Grade"[107] stammten. Über die Nutzung des nunmehrigen Stiftsgutes Tauchritz geben immer wieder durchgeführte Visitationen Auskunft[108]. Dem Ortsverzeichnis für die Markgrafschaft Oberlausitz von 1777 ist zu entnehmen, dass die Grundherrschaft Tauchritz damals eine Fläche von 406 ha umfasste. Im Rahmen dieser Erhebung wurden 45 Häuser gezählt[109]. Der Ort schien sich in den folgenden

Jahrzehnten gut entwickelt zu haben. 1839 belief sich Zahl der Häuser auf 61[110] und um 1860 auf 71[111].

Im Verlauf der knapp zweihundert Jahre währenden Patronatsherrschaft des Stiftes Joachimstein lagen der **Siebenjährige Krieg, die Napoleonzeit** mit dem für die Oberlausitz folgenreichen **Wiener Kongress**[112] sowie der Erste und der Zweite Weltkrieg mit den entsprechenden Turbulenzen. Während des Siebenjährigen Krieges hatte Herzog Karl Alexander von Lothringen (1712–1780) am 6. September 1757, dem Vorabend der Schlacht von Moys/Ujatz, sein Hauptquartier im Tauchritzer Herrenhaus aufgeschlagen[113]. Während der Napoleonischen Befreiungskriege hatten im September 1813 der preußische General Gebhard Leberecht von Blücher (1742–1819) und Prinz Wilhelm, der spätere König Friedrich Wilhelm IV. von Preußen (1795–1861) ihr Quartier im Stift Joachimstein. Hierzu gehörten weitere 56 Offiziere, 60 Bedienstete und ein ganzes Bataillon Garde, die versorgt werden mussten. Außerdem benötigten noch 320 Pferde Futter. Das Stift, alle seine Güter und auch die umliegenden Dörfer waren völlig ruiniert. Das Tauchritzer Schloss war ausgeplündert und vieles zerschlagen. Auf ihrem Rückmarsch durchziehende russische Truppen brachten in den folgenden Monaten erneute Lasten[114].

Zu den Folgen des am 18. Mai 1815 unterzeichneten Friedens von Wien gehörte die Teilung der Oberlausitz. Die neue Grenze verlief genau zwischen dem Stiftsareal und dem Ort Radmeritz. Das Stift Joachimstein selbst verblieb somit bei der sächsischen Oberlausitz. Das zum Landkreis Görlitz gehörige Tauchritz und andere Landgüter lagen jedoch plötzlich auf preußischem Boden.

Eine Bleistiftzeichnung aus dem frühen 19. Jahrhundert zeigt das Pfarrhaus als einen zweistöckigen Fachwerkbau. Am 1. Juni 1839 traf erneut ein Blitz das Pfarrhaus, zündelte und entfachte einen zweiten Großbrand. Dieser erfasste neben dem besagten Gebäude auch die Schule, den einzigen Bauernhof des Ortes, vier Gärtnerstellen und zwei Häuslerstellen. Der Pfarrhof wurde 1840 neu errichtet. Wie ringsherum waren die Geschehnisse beider Weltkriege auch für die Bewohner von Tauchritz prägend, obwohl der Ort von direkten Kampfhandlungen verschont geblieben war. Schlimmer noch als der Erste Weltkrieg war für Tauchritz und dessen Bewohner der Zweite Weltkrieg

Pfarrhaus, vor 1839, Bleistiftzeichnung

– mit eigener Flucht, Hunger und Krankheiten. Tauchritz war aber schon seit dem Frühjahr 1945 Durchzugsgebiet vieler Flüchtlingstrecks von den aus ihrer Heimat vertriebenen Menschen. Im Juni war der Ort mit fortwährend nachrückenden Flüchtlingsströmen völlig überfüllt. Mit dem Ende des Zweiten Weltkrieges und dem Vertrag von Jalta sowie der Grenzziehung entlang der Lausitzer Neiße lag das Stift Joachimstein plötzlich auf polnischem Territorium und hörte praktisch auf zu existieren. Die auf polnischer Seite gelegenen Güter gingen in polnisches Staatseigentum über. Die auf deutscher Seite befindlichen Stiftsgüter wurden entsprechend einer Verordnung vom 10. September 1945 auf Grund ihrer Größe entschädigungslos enteignet[115].

BAUGESCHICHTE

Die Dorfkirche zu Tauchritz bildet seit je her das Zentrum des Dorfes. Ihr gegenwärtiges Erscheinungsbild beruht auf ihrem Wiederaufbau nach der Brandkatastrophe vom 5. Mai 1686. Die Vorgängerkirche lässt sich nicht mehr rekonstruieren. Archivalien sind nicht vorhanden, da es bereits am 23. Juli 1667 schon einmal im Pfarrhaus gebrannt hatte und dabei sämtliche Kirchenunterlagen vernichtet wurden. Ein Ortspfarrer konstatierte noch viele Jahre später: „Als ein nicht zu ersetzender Verlust" galt das „alte erste Kirchenbuch mit vielen alten Nachrichten."[116] Somit fehlen alle schriftlichen Mitteilungen zur frühen Kirchengeschichte. Einzig die vergoldete Wetterfahne mit der Jahreszahl 1668, dem liegenden Mond, dem Stern und den Initialen H. C. v. W. des damaligen Patronatsherrn Hans Christoph von Warnsdorf erinnert an die Vorgängerkirche[117]. Der vermutlich noch 1686 begonnene

Neubau der heutigen Kirche wurde von Maria Sidonia von Warnsdorf, der Witwe des ein Jahr zuvor verstorbenen Hans Christoph von Warnsdorf, veranlasst. Sie führte zu dieser Zeit das Patronat, da die männlichen Erben noch nicht volljährig waren. Somit war sie für das Kirchspiel verantwortlich. Ihr oblag nun die gewaltige Aufgabe, die Brandschäden an Kirche, Pfarrhaus, Schule und am eigenen Hof zu bewältigen und vor allem deren Wiederaufbau zu befördern. Es gibt aber nur äußerst spärliche Nachrichten aus der Erbauungszeit der jetzigen Kirche, die zwischen 1686 und 1689 lag.

DAS ÄUSSERE

Die Dorfkirche präsentiert sich als schlichter, turmloser Saalbau in Ost-West Ausrichtung mit einer polygonalen Apsis und einer angefügten Sakristei. Hohe rechteckige Fenster mit breit abgesetzten Faschen geben dem Bauwerk seine Struktur. Drei zweiflügelige Türen ermöglichen den Zutritt in den Kirchenraum. Das Westtor mit Oberlichtfenster und leicht geschwungenem Türgewände mit Schlussstein ist heute der Hauptzugang. Das Nordtor mit schlichtem, den Faschen angeglichenem Türstock diente in erster Linie als separater Zugang zur Patronatsloge. Diese tritt deutlich sichtbar als zweietagiger Bau aus der nördlichen Kirchwand heraus, wobei die schlichte Rechteckform der Kirchenfenster aufgenommen und noch durch ovale Scheinfenster ergänzt wird[118].

Wetterfahne mit Initialien HCVW für Hans Christoph von Warnsdorf, 1668

Innenraum nach Osten

DER INNENRAUM

Dem Kirchenschiff ist ein kleiner Vorraum vorgelagert. Beide trennt eine schlichte Holzwand. Die beiden winzigen, viergeteilten Fenster zu beiden Seiten der Tür weisen auf die Funktion auch als Aufenthaltsraum hin, unter anderem für diejenigen Personen, die von der Exkommunikation betroffen waren.

Das Kirchenschiff ist ein freundlicher heller Raum mit einfarbiger flacher Decke. Er nimmt an der Nord- und Südseite jeweils einen zweigeschossigen Emporeneinbau, die beiden Emporkirchen, auf. Dazu kommt noch eine leicht geschwungene Orgelempore über dem Haupteingang. Das Kirchenschiff ist in Höhe des Chorraumes nach Norden für eine Patronatsloge erweitert. Im Halbrund der polygonalen Apsis, die über die gesamte Breite des Schiffes reicht, steht ein Kanzelaltar. Dahinter befindet sich der Zugang zur Sakristei, einem kleinen Nebenraum. In die drei Seiten der Apsis sind hohe Butzenglasfenster eingelassen. Diese verwandeln den Altarraum in einen außerordentlich lichtdurchfluteten Bereich.

UMBAUTEN UND INSTANDHALTUNGEN

Die früheste Mitteilung über Veränderungen im Kirchenschiff betrifft die beiden Emporen an der Südseite. Diese wurden im Zeitraum von 1812 bis 1830 um jeweils einen neuen Chor verlängert[119]. Gut nachvollziehbar sind die Instandsetzungsarbeiten ab den 1860er Jahren[120], wobei festzustellen ist, dass das gegenwärtige Erscheinungsbild des Kirchenraumes sehr stark von der Kirchenrenovierung von 1862 geprägt ist. Die Arbeiten begannen mit dem Abtragen der ursprünglichen Holzdecke und dem Einziehen einer verputzten Rohrdecke[121]. Die Verschläge und alle Türen erhielten einen neuen Anstrich mit Ölfarbe und es wurden die große Doppeltür vom Westeingang und das Fenster darüber neu gefertigt. Ferner erhielten die Emporen und die Front der herrschaftlichen Loge einen neuen Ölanstrich, wobei die Füllungen der Emporenbrüstungen marmoriert wurden. Auch die Erneuerungen am Altar und dessen farbliche Gestaltung sind in großem Maß auf diese Renovierung zurückzuführen[122]. Am Metallleuchter, dem Kristallleuchter, an den Liedertafeln und am Altarkruzifix ist die Jahreszahl 1862 deutlich zu erkennen und weist auf Neuanschaffung oder Renovierung hin. Die Kirchenbänke bekamen 1867 einen neuen Anstrich[123]. Anzumerken ist, dass alle Instandhaltungsarbeiten stets im Einvernehmen mit dem Stift Joachimstein als dem Inhaber des Kirchenpatronats durchgeführt wurden und dieses fortdauernd das Patronatsdrittel entrichtete.

PRINZIPALSTÜCKE

Beim Betreten der Kirche bildet der barocke **Kanzelaltar** den uneingeschränkten Blickfang. Er stammt in seiner Grundsubstanz aus der Zeit des Kirchenneubaus nach 1686 und ist über die Jahrhunderte im Wesentlichen unverändert geblieben. Der Altartisch hat die Form eines steinernen Blockaltars. Einer Tradition folgend, die noch aus dem Mittelalter stammt, sind die Vorderfront des Altartisches und ein kleines Stück der Seiten mit Holz verkleidet. Der Steinblock sollte an Golgatha erinnern, das Holz an das Kreuz Jesu. Der Altaraufbau ist aus Holz gefertigt, farbig gefasst und mit diversen vergoldeten Verzierungen geschmückt. Insbesondere sind die korinthisch anmutenden Säulen und die Predella mittels illusionistischer Malerei so gestaltet, als ob sie aus wertvollem Marmor gefertigt worden wären. Die Kapitelle der Säulen zeigen eine Reihe kunstvoll geschnitzter Akanthusblätter, worauf vier Eckvoluten aufsitzen. Den Altar zieren sowohl irdische Symbole, etwa Blumen und Muscheln, als auch himmlische Symbole, wie die lebendig anmutenden Engelfiguren im Gesprenge. Die gegenwärtige farbliche Fassung des Altars mit Anstrich und den fein vergoldeten Kanten sowie die golden glänzenden Ziertücher, Lendentücher, Engelflügel und auch die Vasenaufsätze stammen

Kanzelaltar, Farbfassung 1862

Der Innenraum | Dorfkirche Tauchritz

von 1862[124]. Die seitlich an die Säulen angefügten, üppig verzierten, gitterartig durchbrochenen Arabesken sind in Rokokomanier leicht unterschiedlich geformt und von kunstvoll geschnitzten Rocaillen umgeben, eine typische Schmuckform des Spätbarocks. Sie nehmen hier die Muschel als Symbol für Geburt und neues Leben auf.

In der Barockzeit wurden die **Kanzeln** mitunter als sichtbares Zeichen der Ebenbürtigkeit von Wort und Sakrament in den Altar eingefügt. Regional bedingt sind Kanzelaltäre in zahlreichen Kirchen der Oberlausitz anzutreffen. In Tauchritz ist der Kanzelkorb mehrseitig ausgeführt. Der Baldachin steht symbolisch für den Himmel. Ihn ziert ein umlaufender Querbehang aus Holz. Die Kanzel wird an der linken Seite von einem anmutigen Engel in wallendem Gewand und an der rechten Seite von einem Kruzifix flankiert. Der Engel hält ein aufgeschlagenes Buch, das Evangelium, in seinen Händen. Evangelium bedeutet so viel wie gute oder frohe Botschaft. Somit ist dieser Altarengel ein Sendbote, der zum Hoffnungsträger wird, indem er die Nachricht vom Leben und Wirken Jesu der Gemeinde stets vor Augen hält. Das schwarze Passionskreuz trägt im oberen Teil die Schmähtafel mit den Buchstaben I.N.R.I. für Jesus von Nazareth, König der Juden, jenen Worten, die einst Pilatus auf ein Schild schreiben und über dem Haupt des gekreuzigten Jesus anbringen ließ. Den unteren Teil des senkrechten Balkens ziert eine goldfarbene, nach unten gerichtete, fünfzackige Krone mit zwei ebenso nach unten gerichteten Palmenzweigen. Die Krone gilt als höchste Stufe menschlicher Position. Mit ihr wurden Könige und Kaiser gekrönt. Ebenso gelten Palmenwedel als Insignien für Macht und Herrschaft. An diesem Kruzifix sind die höchsten Insignien der weltlichen Macht Jesus aus Nazareth, dem König der Juden, gewidmet. Auf dem Kopf stehend, zeigen sie das bereits erloschene irdische Leben an. Der Christus am Kreuz kam anlässlich der großen Kirchenerneuerung von 1862 als Geschenk des damaligen Pfarrers Johann Gottlieb Schmidt (1806–1897) in die Kirche und fand seinen Platz in unmittelbarer Kanzelnähe[125]. Es ist anzunehmen, dass an dieser Stelle ursprünglich ein Engel als Pendant zu dem Engel mit dem Evangelium angebracht war.

Der Altargiebel ist zu beiden Seiten durch einen Vasenaufsatz mit nahezu paradiesischem Blumenarrangement geschmückt. Die Symbolik der Blumen reicht jedoch weit über die Funktion als Zierrat hinaus. Sie sind das Sinnbild für das Leben sowie für das Werden und Vergehen, aber auch für Frieden und Harmonie. Aus dem gesprengten Altargiebel ragt ein schlichtes lateinisches Kreuz heraus. Es symbolisiert den Opfertod Jesu Christi. Das Kreuz wird von zwei barocken Engeln gestützt, die als Wesen aus einer anderen Welt auf einem Wolkenband zwischen dem gesprengten Giebel sitzen. Sie kommen als Boten Gottes, als Mittler zwischen dem Irdischen und dem Himmlischen, und helfen die Kreuzeslast tragen. Den Abschluss der Altarbekrönung bildet das strahlenumkränzte Auge Gottes, ein blaues Dreieck als Ausdruck für die Dreieinigkeit Gottes, als Vater, Sohn und Heiligem Geist, dazu das in hebräischen Buchstaben eingefügte Wort Jahwe.

Die schlichte **Taufe** kommt ohne figürlichen Schmuck aus. Sie ist vollständig aus Holz gefertigt. Ein dreifach gestufter, achteckiger Sockel nimmt den quadratischen Schaft auf, auf dem die ebenfalls achteckige Cuppa ruht. Eine mehrfach gestufte, geschwungene, kreiskegelförmige Bedeckung

Taufe, 1892

mit einem kugelförmigen Handknauf verschließt das Becken. Mit ihrer Achteckform entspricht die Taufe der herkömmlichen Gestaltungsart. Das Achteck steht in übertragenem Sinn für den achten Tag, den Beginn einer neuen Schöpfung[126]. Die Taufe beruht auf einer Zeichnung, die 1889 in Radmeritz entstand und Pfingsten 1892, in Holz ausgeführt, fertig war[127]. Dazu stiftete die Gemeinde im gleichen Jahr die filigran verzierte Taufschale. Den Spiegel der Taufschale ziert eine mit Strahlen umgebene Taube als Darstellung des Heiligen Geistes. Der breite Rand trägt ein umstrahltes griechisches Kreuz und die kunstvoll ausgeführte Inschrift: „Lasset die Kindlein zu mir kommen und wehret ihnen nicht; denn solcher ist das Reich Gottes; Ev. Mark. 10.14".

DIE ORGEL

Orgel, Schlag und Söhne, 1888

Die erste Nachricht zu einer Orgel in der Tauchritzer Kirche führt in das Jahr 1802, als eine Instandsetzung erforderlich wurde[128]. Wegen der vielen folgenden Reparaturen und der damit verbundenen Notwendigkeit eine neue Orgel anzuschaffen, wurde um 1880 ein Orgelbaufonds eingerichtet[129]. Die Kirche erhielt das neue Instrument 1885. Doch kurz danach, 1888, wurde die Orgel überholt und bekam ein zweites Manual. Sie besitzt jetzt 11 Register und zwei Koppeln. Diesen Auftrag erhielt die renommierte Orgelbaufirma Schlag und Söhne aus Schweidnitz/Swidnica.

Die Orgel | Dorfkirche Tauchritz

Diese Firma hatte einen weiten Aktionsradius. Sie baute im gleichen Jahr unter anderem auch die Orgel in der alten Berliner Philharmonie. Im Zusammenhang mit dem Kriegsgeschehen des Ersten Weltkrieges mussten 1917 die Prospektpfeifen herausgenommen werden[130]. Die Instandsetzung des Instruments geschah 1924 durch Bruno Schlag (1879–1952)[131]. 1951 begann der Auftakt zur Reinigung und einer angedachten klanglichen Umgestaltung der Orgel. Das im Vorfeld von der Bautzner Orgelbauanstalt Hermann Eule erstellte Gutachten bescheinigte, dass das von der Firma Schlag und Söhne verwendete Material sehr gut sei. Von der klanglichen Umgestaltung wurde Abstand genommen. Der schlichte, vorwiegend weiß gefasste und golden abgesetzte Prospekt weist sowohl in der Ebene des Spieltisches wie auch am Schmuckaufsatz die altbewährte Dreiteilung auf. Durch die Länge der mittleren Prospektpfeifen und dem Giebel darüber wird der zentrale Teil besonders betont. Zudem gliedern zwei Pilaster die Voderansicht. Die Bögen fassen jeweils die Prospektpfeifen zusammen und wirken als gemeinsames Schmuckelement verbindend. Das Prospekt wird von einem mittig aufgesetzten Kreuz bekrönt.

Verglaste Patronatsloge

DIE PATRONATSLOGE

An der nördlichen Seite des Altarraumes befindet sich in Höhe der ersten Empore eine geschlossene

Die Patronatsloge | Dorfkirche Tauchritz

Patronatsloge. Die Loge ist ein erstaunlich lichtdurchfluteter Raum, der durch vier zweiflügelige Fenster mit Blick auf das herrschaftliche Anwesen erhellt wird. Eine ebene Glasfensterwand über einer viergefachten Brüstung trennt die Loge vom Kirchenraum. Die Fensterfront ist in vier Sektoren mit jeweils zwei Riemenzugfenstern gegliedert. Riemenzugfenster sind wegen ihrer Zweckmäßigkeit typisch für Logen. Die gerahmten Scheiben konnten in der doppelwandigen Brüstung versenkt werden. Mit dieser Ausstattung ließen sich die in geöffnetem Zustand störend wirkenden Fensterflügel umgehen. In Tauchritz sind die originalen bleigefassten Scheiben erhalten geblieben. Die Breite der Fenster ist so gewählt, dass jeweils eine Sitzgelegenheit hinter einer Fensteröffnung Platz hat. Fünf Polsterstühle vermitteln gegenwärtig noch einen Eindruck von der Symbiose Logenfenster-Patronatsstuhl.

Innenraum der Loge mit originaler Einrichtung und kleiner Ausstellung

Dorfkirche Tauchritz | Die Patronatsloge

Totenschild

Das Gestühl wurde in den Jahren 2004/05 restauriert. Im Gegensatz zu der unbeheizten Kirche besitzt die Loge einen Ofen. Der **Logenofen** ist im Originalzustand erhalten. Er ist ein Hinterlader, das heißt, der Heizkörper wurde rückseitig von einem angrenzenden Raum aus gefeuert, im vorliegenden Fall vom Treppenhaus aus. Der Ofen ist ein Aufsatzofen in Form eines Pyramidenofens, so wie sie als Fayenceöfen im 18. Jahrhundert in der Oberlausitz anzutreffen waren. Der Ofen ist aus einem gusseisernen Feuerkasten und einem Aufsatz zusammengefügt und ruht auf vier kurzen Balusterbeinen. Das gusseiserne Unterteil sorgte für die schnelle Abgabe der Wärmestrahlung, das Oberteil für lang anhaltende Speicherwärme. Mit der sich nach oben hin verjüngenden Form des Aufsatzes erreichte man, dass der Ofen die Wärme nach allen Seiten gleich gut in den Raum abstrahlen konnte. Der Aufsatz besteht aus weiß-blau glasierter Keramik mit weiß abgesetzten Verzierungen, die zum großen Teil als Blütengirlanden gestaltet sind. Den oberen Abschluss bildet eine reich verzierte Schmuckvase.

Das prächtige **Prunkwappen** erinnert als Totenschild an einen Patronatsherrn aus dem Geschlecht derer von Warnsdorf. Der Brauch, Totenschilde in Kirchen anzubringen, führt auf eine im 12. Jahrhundert begonnene Gepflogenheit zurück, als damals zur Erinnerung an einen verstorbenen Ritter dessen persönlicher Gebrauchsschild und der Helm über seinem Grab in der heimatlichen Kirche angebracht wurden. Für diesen Zweck wurden später spezielle Totenschilde gefertigt, die dann auch aus unterschiedlichen Materialien hergestellt sein konnten und oft reiche Verzierungen aufwiesen. Aus dem einfachen Wappen auf dem Gebrauchsschild entwickelte sich ein Vollwappen mit Helm, Helmdecke und Helmzier. In der Barockzeit wurden die Totenschilde immer prunkvoller. Das Wappenbrett in der Tauchritzer Loge fügt sich komplett in die Sitte der Totenschilde ein. Das Wappen selbst ist ein Vollwappen, bestehend aus dem Schild und dem Oberwappen. Das silberfarbige Schild präsentiert eine liegende Mondsichel mit nach oben gerichteten Spitzen und einem inliegenden sechszackigen Stern[132] als das Wappen der Herren von Warnsdorf. Das Oberwappen zeigt einen golden glänzenden Helm, eine kunstvoll gewundene in silberfarbig bis blau gehaltene Helmdecke[133] sowie einen auf den Helm gesteckten Zieraufsatz. Im Warnsdorfschen Wappen hatte dieses Kleinod drei Straußenfedern. Obenauf thront die Adels- oder Helmkrone. Das Wappen wird von einem Schildhalter in Form von golden glänzendem Blattwerk umrahmt. Das Blattwerk entspringt einem unter dem Wappenschild angeordneten Wahlspruch und hat folgenden Wortlaut: „Mein herz war gleicher Arth mit

Gedenktafel für Bergbauunglücke

Beichtstuhl, 1811

einen solchen Schilde, Den ob mans gleich Versucht, kein Pfeil zerdrunnen kann, Weil das geprege war mein JESUS in dem bilde, Warum er meiner sich am Kreuz genommen an." Den oberen Abschluss des Schildhalters bildet ein nahezu lebensgroßer goldener Adler mit gespreizten Flügeln. Der Adler symbolisiert Mut und Weitblick, steht aber auch für den Aufstieg zum Himmel und die Unsterblichkeit. Der Wappenschild selbst ist undatiert, lässt aber die Vermutung zu, dass er für den 1746 verstorbenen Hans Christoph Gottlob von Warnsdorf angefertigt worden ist. Alter Tradition folgend, befanden sich in der hiesigen Loge neben dem Totenschild auch ein Degen[134] und ein Totenhelm. Beides waren weitere Attribute eines verstorbenen adeligen Ritters sowie Symbole seiner Macht und im Sinn von Grabbeigaben zu verstehen.

Seit Sommer 2019 befindet sich in der Loge eine Gedenkstätte an die weit über 200 Bergmänner, die in den 25 Oberlausitzer Bergbaugruben tödlich verunglückten.

DIE SAKRISTEI

Die Sakristei ist als kleiner gewölbter Nebenraum an die Apsis angefügt, wobei der Anbau die polygonale

Architektur der Apsis aufnimmt. Zwei mächtige schmiedeeiserne Fenstergitter sichern den Anbau. Die Sakristei war ab 1811 auch jene Stelle, wo die Einzelbeichte abgenommen wurde. Dafür besaßen viele Kirchen separate Beichtstühle, die in ihrer künstlerischen Ausführung sehr unterschiedlich sein konnten. Die Praxis, Beichtstühle möglichst in der Nähe des Altares oder in der Sakristei zu etablieren, war keinesfalls eine Eigenart der katholischen Kirche, sondern wurde noch bis weit in das 19. Jahrhundert hinein auch in den evangelischen Kirchen praktiziert[135]. Der Tauchritzer Beichtstuhl trägt die Jahreszahl 1811. Die Form des Beichtstuhls kommt der früher Beichtmöbel mit offener Vorderfront und offenen Seiten nahe.

DIE GLOCKEN

Die Kirche besitzt ein Zweiergeläut. Beide Glocken wurden 1689 gegossen. Anlass dafür war das Brandinferno von 1686, dem auch die ursprünglichen Kirchenglocken zum Opfer gefallen waren. Einzige Nachricht darüber ist die mündliche Überlieferung von Kantor Anders. Sie fand in der 1906 veröffentlichten Studie von Edmund Brückner über die Glocken der Oberlausitz Niederschlag: „Bis 1686 hatte die Kirche 3 Glocken. Bei dem in diesem Jahr stattgefundenen Brande schmolz die eine, die anderen fielen herab und zersprangen."[136] Die beiden nachfolgenden Glocken bestehen ebenfalls aus Bronze. Sie sind erstaunlich filigran verziert und künden von der hohen Meisterschaft der Glockengießkunst während ihrer Blütezeit im letzten Viertel des 17. Jahrhunderts. Die beiden neuen Glocken tragen jeweils am Glockenhals einen umlaufenden Zierfries, Inschriften sowie das

Kleine Glocke, Abraham Sievert, 1689

Familienwappen derer von Warnsdorf. Aus den Inschriften geht hervor, dass beide Glocken ein Geschenk von Marie Sidonia von Warnsdorf sind, der Witwe des auf dem Epitaph in der Kirche dargestellten Johann Christoph von Warnsdorf. Mit dem Guss der Glocken wurde der Görlitzer Rot- und Glockengießer Abraham Sievert (1632–1722) beauftragt. Jener Glockenmeister schuf wenige Jahre später auch die Kreuzglocke, die Vesperglocke und das Schlussglöcklein für St. Peter und Paul in Görlitz[137].

Wie unzählige andere Glocken, musste auch die große Tauchritzer Bronzeglocke während des Zweiten Weltkrieges auf Befehl für Kriegszwecke abgeliefert werden. Ihr weiterer Verbleib war lange unbekannt. Nach dem Krieg stellte sich jedoch heraus, dass sich noch zahlreiche abgegebene Glocken im großen Glockenlager, dem so genannten Glockenfriedhof, im Hafen von Hamburg befanden. Darunter war auch die Tauchritzer Glocke. Im Dezember 1949 ging im Pfarramt die definitive Zusage ein, dass Tauchritz seine große Glocke zurück erhalten kann. Mit ihr kehrten 1950 die Glocken von Ebersbach, Weinhübel und St. Peter und Paul zu Görlitz heim.

DER KIRCHTURM

Die Tauchritzer Kirche hat bis zum heutigen Tage nie einen Kirchturm besessen. Offensichtlich ist, dass ein Turmbau in Anbetracht des flächendeckenden Wiederaufbaues diverser Brandruinen aus finanziellen Gründen zurückstehen musste. Mit der Errichtung einer würdigen Saalkirche war die Gutsherrschaft als Inhaber des Kirchenpatronats ihrer Verpflichtung zum Tragen der Kirchenbaulast durchaus nachgekommen. Der Kirchturm

Kirchturm, Entwurf Ludwig Burgemeister, 1906

hingegen markiert als weithin sichtbares Zeichen den Standort einer Kirche. Eine theologische Begründung für die Errichtung von Kirchtürmen gibt es nicht, somit oblag der Turmbau nicht mehr der unmittelbaren Zuständigkeit des Patronats. Die Gemeinde, deren Aufgabe der Turmbau gewesen wäre, konnte dies aber aus finanziellen Gründen nicht leisten. Um der Errichtung eines Kirchturmes doch noch ein Stück näher zu kommen, wurde mindestens in den frühen 1880er Jahren ein Kirchturmfonds eingerichtet. Das über den Fond angesparte Geld sollte innerhalb der nächsten Jahre die finanziellen Mittel für den Bau des Turmes bereitstellen. Besondere Aktivitäten sind im Jahr 1903 zu beobachten. Hier wirken die für den Turmbau erschlossenen Einnahmequellen erstaunlich modern. So wurden beispielsweise „Kunstblätter"

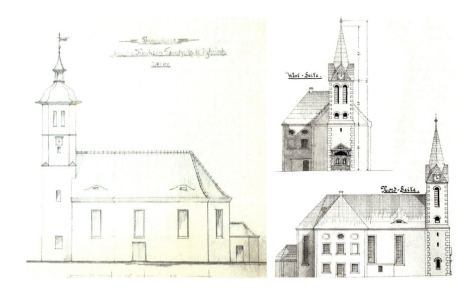

links: Kirchturm, Entwurf Richard Schröter, 1906

rechts: Kirchturm, Entwurf Wilhelm Adler, 1906

verkauft, die an Interessenten für einen „Mindestpreis [von] 50 Pfennige ohne der Wohltätigkeit Schranken"[138] zu setzen abgegeben wurden. Wie sich der Turmbaufonds entwickelte, kann nicht mehr nachvollzogen werden, wohl aber, dass der Fonds mindestens bis 1926 Bestand hatte, aber nicht durch die Zeit der Weltwirtschaftskrise und die Inflationsjahre erhalten werden konnte. Hinführend auf das 600jährige Ortsjubiläum bekamen drei Baumeister den Auftrag entsprechende Entwürfe zum Anbau eines Kirchturmes zu unterbreiten. Das waren: Provinzial Konservator Ludwig Burgemeister aus Breslau/Wrocław, Maurer- und Zimmermeister Wilhelm Adler aus Seidenberg/Zawidów und Baumeister Richard Schröter aus Bernstadt a. d. Eigen. Eingereicht wurden drei interessante Entwürfe. Trotz vieler Bemühungen war es für die kleine Gemeinde wiederum nicht möglich gewesen, einen ausreichenden Geldbetrag zusammenzutragen. Das Bauvorhaben verzögerte sich zusehends. Ein halbes Jahrhundert nach den Architektenentwürfen stand der immer noch nicht vorhandene Kirchturm wieder zur Debatte. Es keimte die Hoffnung, wenigstens einen **Dachreiter** als sichtbares Wahrzeichen einer Kirche zu errichten, was jedoch von höherer Instanz abgelehnt wurde. 1961 entstand als kleinere Alternative die Idee, als Wahrzeichen ein hochragendes **Giebelkreuz** auf dem Dachfirst zu errichten[139]. Die nötigen Schreiben des Gemeindekirchenrates blieben von selbiger Behörde unbeantwortet.

DAS AUSSENGELÄNDE

Die Kirche ist von einem Kirchhof umgeben, der zugleich auch Friedhof ist. Den ältesten Hinweis auf hier durchgeführte Bestattungen gibt ein Epitaph, welches 1587 aufgerichtet worden ist. Es zeugt davon, dass der Kirchhof mindestens seit der Renaissance auch für Begräbnisse

Dorfkirche mit Pfarrgehöft im Hintergrund

gedient hat. An und in der Tauchritzer Kirche befinden sich insgesamt sechs historische Denkmale in Form von gut erhaltenen Sandsteinepitaphen. Ihr derzeitiger Standort entspricht jedoch nicht ihrem ursprünglichen Platz. Bis auf den Gedenkstein für Johann Christoph von Warnsdorf (1642–1685) im Inneren der Kirche wurden die Epitaphe im Jahr 2006 auf Grund von Sanierungsarbeiten an der Friedhofsmauer freigelegt, abgenommen, restauriert und an die Kirchenwand umgesetzt. In diesem Zusammenhang konnte eine Vielzahl großer und kleiner Bruchstücke weiterer Epitaphien aus dem 16., 17. und 18. Jahrhundert geborgen werden, die nun im eigens dafür geschaffenen Lapidarium, als dem Aufbewahrungsort für bearbeitete Steine, aufbewahrt werden. Wenn auch nur bruchstückhaft erhalten, sind die alten Denkmale insofern interessant, da sie eine Vorstellung vom Aussehen der einstigen Ritter zu Tauchritz erahnen lassen, aber auch ein bemerkenswertes Stück Bestattungskultur und Grabmalkunst preisgeben – und sie zeugen von der bewundernswerten Kunstfertigkeit der Steinmetze früherer Jahrhunderte.

In der Mitte des 19. Jahrhunderts wurde die Erweiterung des Friedhofes notwendig. Zu diesem Zweck wurde das herrschaftliche Grufthaus abgebrochen. Sichtbares Zeichen des Erinnerns an den Ersten und den Zweiten Weltkrieg ist das große Steindenkmal. Es weist „Zum Gedächtnis unserer unvergesslichen Helden"[140] zunächst auf zehn Einwohner der Gemeinde Tauchritz hin, die im Ersten Weltkrieg zwischen 1914 und 1918 gefallen sind. Aus gegebenem Anlass wurde das Denkmal Jahre später mit einer Inschriftentafel für die Gefallenen des Zweiten Weltkrieges ergänzt. Unter der Aufschrift „1939–1945 – Die Toten mahnen" ist der Gefallenen sowie der Vermissten aus Tauchritz namentlich gedacht. Obwohl vor Ort keine Kampfhandlungen stattgefunden haben, befindet sich hier auch ein Soldatengräberfeld. Dieses steht im Zusammenhang mit der gegen Kriegsende am Ortsrand als Lazarett hergerichteten Baracke. Für die vielen hier verstorbenen Flüchtlinge wurde nordwestlich des Dorfes ein neuer Friedhof angelegt.

DAS PFARRHAUS

In Tauchritz bietet das ehemalige Pfarrhaus mit dem dazugehörigen Wirtschaftsgebäude und einem Stück Land immer noch das Bild eines Pfarrhofes aus jener Zeit, als sich der Pfarrer mit seiner Familie durch den Ertrag eigenständig betriebener Landwirtschaft weitestgehend selbst ernähren musste. So führten auch die Tauchritzer Pastoren bis ins ausgehende 19. Jahrhundert das damals für Landpfarrer übliche, teils bäuerliche Leben. Dieser alten Lebensform entsprechend, umrahmt noch heute der großzügig angelegte Pfarrgarten den Pfarrhof. Die beiden Gebäude wurden nach dem Brand von 1839 von Grund auf neu errichtet. Die ausführenden Werkmeister waren Maurermeister Johann Gottlieb Kießlich aus Berna/Bierna und der Landzimmermeister Johann Christoph Neumann in Küpper/Miedziane. Die Pfarre, im Stil eines Landpfarrhauses als zweistöckiger Steinbau ausgeführt, war 1840 einzugsbereit. Den Hof bewohnten und bewirtschafteten mindestens zehn Pfarrer mit ihren Familien. Der letzte hier wohnende Pfarrer verließ das Grundstück 2001 aus Altersgründen. Danach standen die Gebäude leer. In den Jahren 2008 bis 2014 erfolgte eine umfassende Sanierung und Restaurierung des Wohnhauses, welches dabei sein ursprüngliches Erscheinungsbild zurück erhielt. Begleitend wurden die Gemeinderäume saniert

Pfarrhaus, errichtet 1840, Komplettsanierung 2013

und die Raumstruktur des oberen Stockwerkes wieder hergerichtet. Auf Grundlage der originalen Bauzeichnungen ist die ursprünglich vorgesehene Raumnutzung eindeutig nachweisbar und lässt die Pfarre als reines Wohnhaus erkennen. Das Haus bot schöne helle Räume für die Studierstube des Pfarrers und ausreichend Platz für dessen Familie sowie für Gäste und das Gesinde. Zu den Besonderheiten des Hauses gehören jetzt wieder entdeckte historische Deckenmalereien. Die Pfarre war eine geachtete Institution im Dorf und immer auch der Ort, an dem die geschichtlichen Überlieferungen und wertvollen Gegenstände der Kirchengemeinde aufbewahrt wurden. Der jeweilige Pfarrer war somit gleichzeitig der Kustos über die Sammlungen der Gemeinde. Dazu gehörten vor allem das Pfarrarchiv mit Urkunden, diversen Akten, Protokollen, Kirchen- und Sakristeibüchern, Verordnungen,

Statistiken, Bauplänen etc., aber auch die vasa sacra, die Pfarrbibliothek und vieles mehr. Im Laufe der Zeit wurde aus der Studierstube ein Arbeitszimmer, in dem es längst nicht mehr allein um Theologie und Predigt ging, sondern zunehmend um Verwaltung und Organisation.

Aus dem christlichen Glaubensverständnis abgeleitet, stand das Pfarrhaus für alle Anliegen der Eintretenden offen. Zudem musste der Pfarrhof solide bewirtschaftet werden, was im Wesentlichen zum Aufgabenbereich der Pfarrfrau gehörte. Die Kinder wurden oft vom Pfarrer selbst unterrichtet und sie profitierten von den meist vorhandenen Pfarrbibliotheken.

An die Vergangenheit des Gebäudes als Pfarrhaus anknüpfend wurde 2014 in der oberen Etage eine museale Ausstellung eingerichtet, die „Tauchritzer Stuben". Diese spiegeln die Zeitspanne ab 1840 bis etwa in die Mitte des

Amts- und Studierstube des Pfarrers

20. Jahrhunderts. Das gemeinsam von der Evangelischen Versöhnungskirchengemeinde Görlitz, dem Verein Oberlausitzer Bergleute e. V. und dem Heimatverein Tauchritz e. V. geschaffene kleine Museum ist eine Reminiszenz sowohl an das frühere Leben und die Traditionen im Ort als auch an die markanten landschaftlichen Veränderungen, die der hier betriebene Braunkohletagebau brachte. Die gezeigten Dinge sind jene Raritäten und Gebrauchsgegenstände der hiesigen Bevölkerung, die nicht selten in dritter oder vierter Generation aufbewahrt worden waren. Sie werden themenbezogen in fünf Stuben präsentiert. Das sind die nach historischem Vorbild und mit überwiegend originalen Möbeln ausgestattete Studierstube des Pfarrers, wobei die hier aufgestellte Pfarrbibliothek über einen Zeitraum von knapp 150 Jahren gewachsen ist, eine Gewerkestube zu den vielen einstmals im Ort ausgeübten Berufen, eine Gute Stube als Zeugnis hiesiger Wohnkultur, eine Kammer mit persönlichen Dingen des Lebenskreises und eine Stube zum Bergbau mit einer Fülle von Informationen, historischen Daten, Bildern, Andenken, Modellen, geologischen Funden und vielfältigen, zum Teil überlebensnotwendigen Utensilien der Bergmänner zur fast 300 Jahre währenden Bergbautradition im Ort. In Anlehnung an mehrere Pfarrbibliotheken, die es im Haus gab, und auch an die Tauchritzer Volksbibliothek die hier beheimatet war, ergänzt eine kleine Bibliothek mit Autoren des Realismus und der Heimatliteratur die Ausstellung.

DAS WASSERSCHLOSS

Das nahegelegene Wasserschloss mit dem zugehörigen weiträumigen Gutshof wurde nach dem großen Flächenbrand von 1686 von den Familiengliedern der Warnsdorfs errichtet. Das Herrenhaus ist von einem breiten Wassergraben umgeben. Der zweigeschossige Bau mit steilem Walmdach wird im Eingangsbereich durch einen schwach hervortretenden Mittelrisalit mit reliefgeschmücktem Dreiecksgiebel betont. Das Giebelfeld hat eine runde Fensteröffnung. Zwei Engel halten die Wappenreliefs der ehemaligen Besitzer Johann Christoph von Warnsdorf und seiner Gemahlin Maria Sidonia von Warnsdorf, geb. von Gersdorff. Obenauf bildet ein umstrahltes Dreifaltigkeitssymbol den Abschluss. Die gewaltigen Stützmauern an der Rückseite des Gebäudes deuten auf die vormalige Wasserburg, die bereits 1357 genannte „veste Tucheras", hin. Die Wohnräume zeichnet reicher barocker Zierrat aus. Insbesondere sind es die wertvollen Stuckdecken mit ihren zahlreichen figürlichen Allegoriedarstellungen, Göttergestalten, Amoretten, die Supraporten sowie der Wandkamin im östlichen Eckgemach. Das Schloss war von 1749 bis 1945 im Besitz des weltadligen Fräuleinstifts in Radmeritz. Nach dem Zweiten Weltkrieg waren in dem Gebäude eine Schule und Wohnungen untergebracht. Derzeit steht das Schloss leer. Die großzügig angelegten Wirtschaftsgebäude wurden früher landwirtschaftlich genutzt. Nach umfassender Sanierung und Umbau erfolgte eine Umnutzung der Scheunen als gastronomische Einrichtung, Hotel und Veranstaltungsort[141].

Wasserschloss, wiedererrichtet 1686/87

BERGKAPELLE JAUERNICK

LAGE UND GESCHICHTE

Jauernick, etwa 9 km südwestlich von Görlitz gelegen, schmiegt sich als Bergdorf an den südlichen Abhang des 347 m hohen Kreuzberges an. Von da grüßt der schlanke Turm der uralten katholischen Kirche in die weite Ferne. Ebenso weist er auch den Weg zur bedeutend jüngeren evangelischen Bergkapelle in unmittelbarer Nachbarschaft. Die katholische Kirche St. **Wenzeslaus** gehört zu den frühen Kirchen in der Oberlausitz überhaupt. Nach den „Annalen" des Jauernicker Pfarrers Johannes Oelerus (1547–1628) soll in Jauernick 967 die erste christliche Kirche der Oberlausitz errichtet worden sein[142], was vermutlich auf die Tätigkeit böhmischer Missionare zurückzuführen ist[143]. Jauernick entwickelte sich offenbar so gut, dass der Ort wahrscheinlich ab dem späten 11. Jahrhundert das kirchliche Zentrum für die südlich von Görlitz besiedelten Gebiete darstellte. Alte Decemverzeichnisse zur Besoldung des Geistlichen lassen darauf schließen, dass Jauernick neben Bautzen, Göda, Kittlitz und Nieda/Niedów wohl eine der Urpfarreien in der Oberlausitz gewesen sein muss[144].

Abgabenverzeichnisse, die noch aus dem Mittelalter stammen und zum Teil bis ins 19. Jahrhundert gültig waren, nennen die Orte, die von den Jauernicker Pfarrern verwaltet wurden. Das war ein Gebiet westlich der Lausitzer Neiße, welches sich von Dittersbach a. d. Eigen und Schönau a. d. Eigen im Süden, Jauernick, Pfaffendorf und

Bergkapelle Jauernick

Schlauroth im Westen sowie Ebersbach und Kunnersdorf im Norden erstreckte[145].

Mit Blick auf die Grundherrschaft gehörte Jauernick bereits seit 1242 zum Kloster St. Marienthal in Ostritz[146]. Der Kauf des Dorfes erfolgte nur acht Jahre nach der Gründung des Klosters und war für die Zisterzienserinnen wegen der bereits bestehenden Kirche und der eingepfarrten Orte von großer Bedeutung. Klosterdörfer bildeten meist eine wichtige Versorgungsgrundlage einer Ordensgemeinschaft und waren ökonomisches Rückgrat. Zudem konnten die Äbtissinnen das Mitspracherecht bei der Besetzung der Pfarrstellen in Anspruch nehmen, sorgten aber auch für den Erhalt der Bausubstanz. 1443 erfolgte die Weihe der durch die Hussiteneinfälle vom Frühjahr 1427 und Herbst 1429 zerstörten Kirche[147].

Das südöstlich an Jauernick angrenzende Niecha/Buschbach wurde 1389 erstmalig erwähnt. Beide Orte waren insbesondere seit der Reformation eng miteinander verbunden, obwohl sie unterschiedlichen Grundherrschaften gehörten – Jauernick als Klosterdorf dem Kloster St. Marienthal und Niecha bis 1722 stets einem weltlichen Grundherrn und ab da als Stiftsdorf dem evangelischen Fräuleinstift Joachimstein in Radmeritz/Radomierzyce[148]. Joachimstein war eine Gründung des königlich-polnischen und kurfürstlich-sächsischen Kammerherrn Joachim Siegismund von Ziegler und Klipphausen (1660–1734). Ihm gehörte Niecha. Er hatte das Rittergut geerbt, zu einem gewinnbringenden Wirtschaftsbetrieb ausgebaut und schlussendlich als Stiftsdorf Joachimstein beigegeben. Aus dieser Zeit stammt noch das Eingangstor

Katholische Kirche St. Wenzeslaus (links) und Bergkapelle Jauernick (rechts)

des Niechaer Rittergutes, zu erkennen an dem markanten Zieglerschen „Z" im Schlussstein.

Während der Reformation war die Oberlausitz zu großen Teilen evangelisch geworden[149]. Das Hinwenden des damaligen Jauernicker Pfarrers Johann Zacharias (gest.1548) zur lutherischen Lehre betraf nicht nur Jauernick, sondern auch die eingepfarrten Dörfer Niecha, Ober-Pfaffendorf, Kunnerwitz, Klein-Biesnitz, Groß-Bießnitz, Schlauroth und Rauschwalde, so dass fast die gesamte Parochie in den Jahren zwischen 1530 und 1539 evangelisch wurde[150]. Es entstand die erste evangelische Kirchgemeinde Jauernick. Dessen ungeachtet hatte das Kloster St. Marienthal das Patronat inne und war somit weiterhin für die Einsetzung der Pfarrer zuständig. Pfarrer Zacharias, der ab 1521 auch Domherr zu Bautzen war, schien es mit diesem

Sachverhalt nicht einfach gehabt zu haben. Als er, wie im Evangelischen erlaubt, 1539 als Geistlicher den Bund der Ehe schloss, wurde er in Jauernick nicht mehr gelitten. Er verließ den Ort und siedelte als lutherischer Prediger nach Dresden über[151]. Der nachfolgende Pfarrer im Amt, Pfarrer Wolfgang Hulbeck (gest. 1573), war Erzpriester der sedes Görlitz und Probst des Klosters Lauban[152]. Mit ihm wurde die Pfarrstelle wieder mit einem katholischen Geistlichen besetzt. Diese Entscheidung stellte für das Kirchspiel keine einfache Lage dar, zumal die meisten Gemeindeglieder im Laufe der Jahre protestantisch geworden waren. So blieb es über Jahrhunderte, ein katholischer Geistlicher stand einer weitestgehend evangelischen Gemeinde vor. In dieser Situation gingen die Einwohner zu den Gottesdiensten und Sakramenten in die evangelischen Kirchen der Nachbarorte, wie die Jauernicker nach Tauchitz, Berzdorf oder Friedersdorf, die Kunnerwitzer nach Leschwitz und die aus Niecha nach Tauchritz oder Berzdorf[153]. Trauungen und Begräbnisse fanden bis 1832 in der Jauernicker Kirche statt[154]. Dieser Zustand war auch mit erheblichem finanziellem Aufwand verbunden. So zahlten die evangelischen Christen der Parochie einerseits ihre Abgaben und Stolgebühren weiterhin an die Kirche Jauernick, außerdem Abgaben an die Nachbargemeinden für die dortige geistige Betreuung sowie zeitweise noch in eine dritte Kasse, die der Grundstock für eine eigene evangelische Gemeinde in Jauernick sein sollte. Die Evangelischen aus Jauernick und Niecha unternahmen immer wieder Versuche eine eigene Kirchengemeinde mit einer eigenen Kirche zu gründen und wandten sich mit der Sachlage sogar an den Kursächsischen Hof nach Dresden und später an den König von Preußen. Erst 1815, als Teile der Oberlausitz durch den Wiener Kongress zu Preußen gelangt waren, kam Bewegung in die Angelegenheit.

Zunächst wurde 1828 mit Hilfe des Gustav-Adolf-Vereins für die Kinder von Jauernick und Niecha eine evangelische Schule eingerichtet[155]. Es kam zu weiteren Erleichterungen, etwa dass bei evangelischen Gottesdiensten und Amtshandlungen die Glocken der katholischen Kirche geläutet werden durften. In der Kirche selbst standen den Katholischen das Kirchenschiff und den Evangelischen die Emporen zu. An die damalige Innenarchitektur von St. Wenzeslaus mit einem großen Mittelpfeiler und gotischem Gewölbe erinnert heute nichts mehr, da die Kirche in den Jahren 1869 und 1870 grundlegend umgebaut wurde und die jetzige Gestalt erhielt[156]. Im Einvernehmen übten in der katholischen Gemeinde unter einem katholischen Pfarrer auch evangelische Kirchenväter ihren Dienst aus. Trotzdem blieb das erklärte Ziel eine eigene Gemeinde mit eigener Kirche[157]. Nach langwierigen Verhandlungen war das Patronatsverhältnis mit St. Marienthal 1834 in gütlicher Einigung gelöst und alle rechtlichen Fragen geklärt[158]. Zu diesem Zeitpunkt besaß Jauernick 96 katholische und 1.380 evangelische Seelen[159]. Zum 31. Dezember 1835 wurden die evangelischen Gemeindeglieder ausgepfarrt und die evangelischen Kirchenväter entlassen[160]. Jauernick bildete mit den eingepfarrten Orten von nun an die eigene Parochie Jauernick-Kunnerwitz. Diese wurde als Fortführung der vor 1540 evangelisch gewordenen Jauernicker Gemeinde angesehen. Auf Betreiben des Breslauer Fürstbischofs Leopold von Sedlnitzky (1787–1871) fiel die Wahl des Standortes einer für dieses Kirchspiel neu zu erbauenden Kirche nicht, wie immer begehrt, auf Jauernick, sondern wegen der zentralen Lage auf Kunnerwitz[161] (weiter siehe Kapitel Erlöserkirche Kunnerwitz). Mit Fertigstellung der Kirche in Kunnerwitz 1839 wurden die evangelischen Christen von Jauernick vom evangelischen Pfarrer in Kunnerwitz betreut. Die Entscheidung, die neue Kirche in Kunnerwitz zu errichten, blieb umstritten, vor allem bei den Jauernicker Gemeindegliedern, die wegen einer evangelischen Kirche in Jauernick sogar beim preußischen König vorgesprochen hatten.

BAUGESCHICHTE

Als im Winter 1862/63 die Geschichte der Jauernicker Bergkapelle mit einer Schenkung von 1.000 Talern begann, war Jauernick ein voll funktionierender Ort mit etwa 440 Einwohnern[162], einer katholischen Kirche, einem dazugehörigen Pfarrhaus, einer katholischen und einer evangelischen Schule, mehreren Gastwirtschaften, einer Mühle[163] und Amtspersonen wie Ortsvorsteher, Ortsrichter und Gerichtsleuten. Den Ort prägte die Landwirtschaft. Die meisten Einwohner waren Bauern, Gartennahrungsbesitzer oder Häusler. Besagte Schenkung kam von Gedingebauer Johann Gottlieb Domsch und wurde am 6. Januar 1863 beurkundet, wobei ausdrücklich „der evangelischen Kirchgemeinde Jauernick-Cunnerwitz die Summe von Ein Tausend Thalern zu dem Zwecke: daß dieselbe [Schenkung] zur Errichtung einer womöglich in der Nähe des hiesigen Kirchhofes, zu errichtenden Kapelle,

Bergkapelle um 1900

welche bei den Begräbnissen der evangelischen Bewohner von Jauernick und Niecha und zu den sonstigen kirchlichen Handlungen benutzt werden soll, verwendet werde".[164] Diese Summe bildete die Voraussetzung für den Bau der heutigen Bergkapelle. Domsch, der sich damals in sehr schlechtem gesundheitlichen Zustand befand, starb etwa ein Jahr später mit 78 Jahren. Sein Grabstein gehört heute zu den ältesten erhaltenen auf dem hiesigen Friedhof. Seine Schenkung muss wohl im Ort einigen Enthusiasmus ausgelöst haben. So erklärten die evangelischen Wirte von Jauernick und Niecha am 9. März des selben Jahres: Wir „verpflichten uns und unsere Nachkommen hierdurch, daß wir die von obigem Geschenk zu erbauende Kapelle so lange im baulichen Stande erhalten wollen, als solche, nach der Schenkungsurkunde, zu Begräbnißfeierlichkeiten und kirchlichen Zwecken, verwendet wird."[165] Der Kauf der entsprechenden Ackerparzelle ging offenbar schnell vonstatten, so dass es in einer Vereinbarung vom 27. Mai 1864 förmlich heißt: dass „die Witwe Domsch für einen Baufleck von vierzehn Quadratruthen acht Quadratfuß auf dem Jauernicker Berge, auf welchem die neue Kapelle bereits erbaut ist, schenkungsweise 75 Taler für die Kapelle bezahlt hat". Weiterhin ist vermerkt, dass sich der Verkäufer verpflichtet, rings um die verkaufte Stelle und die darauf erbaute Kapelle einen Streifen von sechs Fuß Breite ungeackert liegen zu lassen[166] und sich ebenso verpflichtet den

Pforte der Bergkapelle

Benutzern der Kapelle „ungehinderten Ein- und Ausgang in die selbe und aus derselben, sowie den Umgang um dieselbe zu gestatten."[167]

DAS ÄUSSERE

Die Kapelle ist mit westlicher Ausrichtung auf einem kleinen Hügel vis a vis des Friedhofes als Begräbniskapelle errichtet worden. Der schlichte Baukörper hat einen rechteckigen Grundriss. Der Altarbereich wird von der Bausubstanz nicht betont, wohl aber lassen jeweils vier Rundbogenfenster an den Längsseiten auf eine kleine Kirche schließen, die zunächst noch keinen Turm hatte. Dieser wurde erst 1953 errichtet, als die Kapelle eine Glocke bekam. Der Glockenturm ist vor den Ostgiebel gesetzt. Er nimmt im unteren Bereich die Treppe und das Rundbogenportal mit der Kirchentür auf. Die kleine Inschriftentafel mit dem übergestellten Kreuz erinnert an Johann Gottlieb Domsch und dessen Ehefrau als die maßgeblichen Stifter der 1863 erbauten Kapelle. Der Vorbau nimmt etwa in der Höhe der Dachfirste die Rundbogenform der Fenstergewände und des Portals auf und setzt diese in der offenen Glockenstube an den Schallöffnungen fort. Die Jahreszahl 1953 zeigt das Erbauungsjahr des Turmes an.

Gedenktafel an die maßgeblichen Stifter der Bergkapelle Johann Gottlieb und Marie Elisabeth Domsch

Von den stattgefundenen größeren Renovierungen wären vor allem die Komplettrenovierung von 1938 und die Innenrenovierung von 1947/48[168] zu nennen. Zum 100jährigen Bestehen der Kapelle wurde 1964 mit einer weiteren Sanierung begonnen. Die Wiedereinweihung mit komplett erneuerter Inneneinrichtung erfolgte im September 1967[169].

Innerenraum mit Blick zum Altar

DER INNENRAUM

Den Eintretenden empfängt ein schlichter heller Kirchensaal ohne Apsis, mit gradem Abschluss des Chorraumes im Westen. Von der ursprünglichen Ausstattung der Begräbniskapelle ist nichts mehr erhalten. Nur eine Aufnahme erinnert noch an ihr einstiges Erscheinungsbild. Die gesamte Westseite trug eine Holzvertäfelung, dazu einen mittig eingefügten Altar. Das Altarbild zeigte Jesus mit einem Hirtenstab, dieses umgab ein Holzgespränge in neogotischer Art. Mit Blick auf den Altar befanden sich rechts davon der Zugang zur Kanzel und das Taufbecken. Von den Liednummerntafeln gab es früher sechs Stück. Sie wurden 1939 von Tischlermeister Max Ramtke aus Buschbach gefertigt. Über der Eingangstür hatte die Orgelempore ihren Platz. Beleuchtet wurde die Kapelle von einem großen Messingkronleuchter für 15 Kerzen und sechs Wandleuchtern, ebenfalls aus Messing. Da es in der Kapelle auch während des Zweiten Weltkrieges noch kein elektrisches Licht gab, war das der entscheidende Grund dafür, dass die Leuchter zwar mit auf den damals üblichen Erfassungslisten zur Abgabe von Metallgegenständen für Kriegszwecke verzeichnet wurden, jedoch mit der Begründung das Kronleuchter und Wandleuchter für die Beleuchtung unentbehrlich seien von der Abgabe verschont blieben[170].

Der gegenwärtige Charakter der Bergkapelle ist geprägt vom Stil der 1960er Jahre, schlicht und klar gegliedert. Den Entwurf für die Inneneinrichtung schuf der damalige Baurat Johannes Swoboda. Die Ausführung übernahmen einheimische Firmen. Altar, Altarkreuz, Pult, Taufe und Standleuchter zeigen eine aufeinander abgestimmte Kreation aus Metall und hellem Eichenholz. Der **Altartisch** hat einen filigran wirkenden Unterbau aus Metall welcher die Tischplatte aufnimmt. Die ursprüngliche Holzkanzel wurde ersetzt durch ein leicht erhöhtes **Lesepult** mit Metallrahmen und eingefügten Holzplatten. Vier Standleuchter aus Metall flankieren den Altartisch, über welchem ein gleichseitiges Metallkreuz so an zwei Metallketten aufgehängt ist, daß der Eindruck entsteht, als ob das Kreuz schweben würde. Gefertigt wurde es vom Görlitzer Kunstmaler und Grafiker Herbert Nitsche[171]. Die Kreuzesmitte trägt eine Emailleplatte. Darauf ist auf rotem Hintergrund der segnende Christus zu sehen. Zur neuen Ausstattung gehören auch 1968/69 neu angefertigte Antependien sowie das 1969 aus Silber

Ursprünglicher Altar

hergestellte, vergoldete vierteilige Altargerät[172]. Der neuen Einrichtung wichen auch der große Leuchter und die Kerzenwandleuchter. Diese wurden der evangelischen Kirchengemeinde Nochten-Tzschelln für die Kirche in Tzschelln als Geschenk übereignet[173].

Altarkreuz

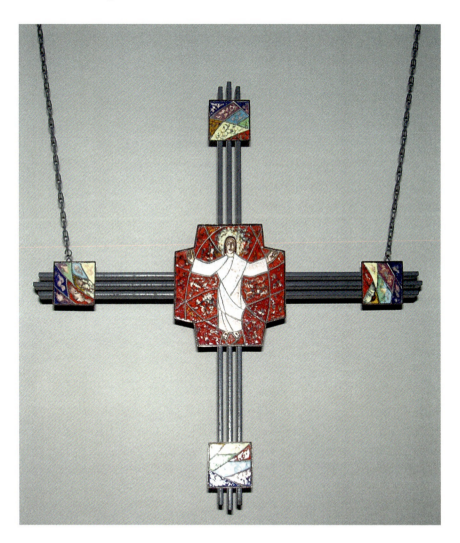

DIE ORGEL

rechts:
Abendmahlskelch
1969

Bald nach Einweihung der Kapelle schien in der Gemeinde der Wunsch nach einer Orgel aufgekommen zu sein. Ein Brief von Theodor Graf zur Lippe-Biesterfeld-Weißenfeld (1822–1894), dem Stiftsverweser des Stiftes Joachimstein, lässt darauf schließen, dass sich die evangelischen Einwohner von Niecha mit der Bitte um Unterstützung beim Orgelbau an ihre Grundherrschaft gewandt hatten[174]. Die Sache scheint jedoch im Sande verlaufen zu sein. Eine Orgel erhielt die Kapelle erst 1892. Das war ein einmanualiges Instrument mit einem Pedal und fünf klingenden Registern sowie einer Koppel als Fußpedal[175]. Gespielt wurde sie im wöchentlichen Gottesdienst, bei Amtshandlungen, Trauungen, Begräbnissen, beim Abendmahl und bei Abendandachten. Aus welcher Zeit und von welchem Orgelbauer die Orgel ursprünglich stammt, ist ungewiss. Fest steht jedoch, dass sie ein Geschenk des Prinzen Heinrich zu Schöneich-Carolath (1852–1920) war und aus dessen

Orgelprospekt der ersten Orgel

Herrensitz Schloss Amtitz bei Guben stammte[176]. Wie die Verbindung des Politikers und Mitglied des Reichstages nach Jauernick zu Stande gekommen war, gilt es noch zu klären. Allerdings sind dies auch die einzigen Angaben über die Herkunft der ersten Orgel. Sie entstammen einem Meldebogen für Orgeln, die während des Zweiten Weltkrieges allerorten ausgefüllt werden mussten[177]. Bekannt ist hingegen, dass nach 1900 eine Reparatur erforderlich geworden war. Der erbetene Kostenanschlag von Orgelbaumeister Max Eichler aus Görlitz vom 13. Juli 1907 gibt Auskunft über den Zustand des Instruments. „Das Gebläse, welches auf dem Boden liegt, befindet sich in einem solchen Zustande, daß der betreffende Kalkant nur mit der größten Anstrengung imstande ist, für die Orgel den Wind zu schaffen."[178] Die Gesamtkosten sollten sich auf 190 Mark belaufen. Grund, den Kostenvoranschlag von gerade diesem Orgelbaumeister zu erbitten, war, dass Eichler 1904 den Auftrag zur Reinigung und Reparatur der Müller-Reiß-Orgel in der benachbarten katholischen Kirche bekommen hatte und die Arbeiten dort 1907 zur Ausführung gelangten[179]. 1927 erfolgte eine vollständige Erneuerung des Instruments durch die Firma Schuster und Sohn Zittau, wobei das Orgelprospekt

Orgel, A. Schuster und Sohn, 1973

Bergkapelle Jauernick | Die Glocke

das Alte geblieben ist[180]. Durch die kriegsbedingte Beschlagnahmung der Pfeifen und der Windzuleitungen im Zweiten Weltkrieg (1944) wurde das Instrument unbespielbar[181]. Zunächst waren es Kostengründe, dann aber der zunehmend desolate Bauzustand der Kapelle, die den Einbau eines neuen Instrumentes verhinderten. Nach dem Ende der großen Instandsetzung der Kapelle in den 1960er Jahren sollte der neu gestaltete Gottesdienstraum auch eine neue Orgel erhalten. Die Orgelempore genügte den modernen gestalterischen Ansichten nicht mehr und wurde abgetragen. So wurde 1966 der Auftrag für eine im Kirchenschiff ebenerdig einzubauende Kleinorgel ausgelöst. Es sollten jedoch noch weitere Jahre vergehen, bis das neue Instrument der Firma A. Schuster und Sohn aus Zittau 1973 geweiht werden konnte. Der asymmetrische Orgelprospekt aus hellem Holz ist dem kargen Stiel der Innenausstattung der Kapelle angepasst. Zwei Reihen Prospektpfeifen erscheinen jeweils wie in einem Rahmen. Auf Blendwerk wurde verzichtet.

DIE GLOCKE

Nach diversen Werterhaltungsarbeiten brachte das Jahr 1953 für die Kapelle eine entscheidende äußere Veränderung, die mit dem Bau des Glockenturmes weithin sichtbar wurde. Ausgangspunkt war eine Mitteilung der Superintendentur vom 28.7.1950: „dass für unser Kirchengebiet 200 kg Glockenschrott für eine Glocke entfallen."[182] Letztendlich kam es doch anders. Jauernick bekam 1951 eine Glocke vom Hamburger Glockenfriedhof zugeteilt[183]. Das war jene Sammelstelle für kriegsbedingt abgelieferte Glocken. Herrenlos gewordene Glocken, deren Herkunft nicht mehr geklärt werden konnte, wurden nun in die Obhut anderer

Angefügter Glockenturm mit Glocke aus der Reformationszeit

bedürftiger Gemeinden gegeben. Die für Jauernick auserwählte Glocke kostete 300 DDR-Mark und musste lediglich noch zur Untersuchung in die Glockengießerei nach Apolda. Im Ort sollte unterdessen für die Aufhängung gesorgt werden. So wurde zunächst in Apolda nach der architektonischen Gestaltung eines Dachreiters angefragt. Woraufhin der Vorschlag kam, den Dachreiter aus statischen Gründen von der Mitte des Daches an den Giebel zu verlegen und dazu einen Architekten zu befragen. Den Auftrag zum Bau des Glockenturmes erhielt Baumeister Wilhelm Mirschel aus Schlauroth[184]. Am 12. September 1951 kam die ersehnte Nachricht aus Apolda: Die Glocke ist eingetroffen! Sie hat einen Durchmesser von 76 cm, ein Gewicht von 240 kg, der Schlagton der Glocke ist c"+1/8. Inschrift: „AD HONOREM ET LAUDEM BEATI JOHANNES BAPTISTE 1523" „Zu Ehre und Lob des Seligen Johannis des Täufers 1523"[185]. Ferner wurde mitgeteilt, dass der Glockenkörper intakt ist und dass an der Krone ein Bügel und ein Mittelöhr abgeschlagen sind. Bis die Glocke feierlich empfangen werden konnte, stellte der Bau des Glockenturmes eine gehörige Herausforderung hinsichtlich der Abwicklung des nötigen Schriftverkehrs und der Beschaffung des Baumaterials dar. Schließlich wurde die Glocke zum Reformationstag 1953 unter großer Anteilnahme der Bevölkerung an ihrer neuen Aufhängung angebracht. Mitten in der Zeit der Reformation gegossen, feiert sie bald ihr 500. Jubiläum.

Ankunft der Glocke 1953

Bergkapelle

ERLÖSERKIRCHE KUNNERWITZ

LAGE UND GESCHICHTE

Kunnerwitz, am südöstlichen Fuß der 420 m hohen Landeskrone gelegen, wurde 1404 erstmals erwähnt, indem der Ort als Kunrewitz am 25. Oktober 1404 in den Görlitzer Ratsrechnungen auftaucht[186]. Der Name bedeutet so viel wie Pferdehalter oder, etwas weiter gefasst, Pferdezüchter und deutet darauf hin, dass hier wohl die Pferde für die ehemalige Burg auf der Landeskrone bereit gestellt wurden[187]. Der Ort hat einen slawischen Siedlungskern. Später kam ein deutscher Herrensitz hinzu[188].

Wie Tauchritz gehörte auch Kunnerwitz zum Besitz derer von Bieberstein. 1437 verkauften die Brüder Ulrich, Wenczlaw und Friedrich die Landeskrone mit den zugehörigen Orten Kunnerwitz, Neundorf und Klein-Biesnitz an Heinrich von Promnitz, welcher den Besitz umgehend an Herzog Hans von Sagan weiter verkaufte. Von dessen Söhnen Balthasar und Rudolf erwarb 1440 die Stadt Görlitz die Landeskrone und damit verbunden auch die beigeordneten Orte, so dass Kunnerwitz vor der **Reformation** ein Görlitzer Ratsdorf war[189], welches der Stadt jedoch durch den Pönfall[190] von 1547 verloren ging. Nach zwei weiteren Besitzerwechseln kaufte 1581 Hans von Warnsdorf (1549–1613) die Rittergüter Kunnerwitz und Leschwitz. Warnsdorf war Landesältester und genoss großes Ansehen. Seine Verbindungen reichten bis zum königlichen Hof nach Prag. Die Güter blieben noch zwei Generationen in Familienbesitz. Dann wurden 1636, mitten im **Dreißigjährigen Krieg**, Kunnerwitz und auch Leschwitz und Posottendorf an den

Erlöserkirche Kunnerwitz

Görlitzer Bürger Jakob Schöne verkauft[191]. Mehrere Besitzerwechsel, meist in bürgerliche Hand, folgten. Das alte Rittergut, der „Cunnerwitzer Hof", brannte 1808 mit sämtlichen Gebäuden durch Brandstiftung ab, wurde aber wieder aufgebaut[192]. Das neu errichtete Herrenhaus erhielt zwei große Speicherböden und ist in dieser Form bis in die Gegenwart erhalten. 1888 kaufte die Stadt das Anwesen, um es als Stadtgut zu nutzen. Die Bewirtschaftung oblag einem Pächter. Die zugehörigen Ländereien wurden nach dem Zweiten Weltkrieg in Volkseigentum überführt und 1991 der Stadt zurück übertragen. Eine Privatisierung erfolgte 2002[193].

VORGESCHICHTE ZUM KIRCHENBAU

Die Geschichte der Kirchengemeinde ist bis zum Bau der Kirche 1839 mit der von Jauernick als dem zuständigen Kirchenpatronat eng verbunden. Das Besondere dieser Kirchgemeinde mit den Orten Jauernick, Niecha/Buschbach, Kunnerwitz, Ober-Pfaffendorf, Biesnitz und Schlauroth bestand in einem nach der Reformation über Jahrhunderte ausgeübten Miteinander von evangelischen und katholischen Christen mit nur einer, katholisch verbliebenen, Kirche im Ort Jauernick (siehe Kapitel Bergkapelle Jauernick). Das vorreformatorische Patronatsverhältnis mit dem Zisterzienserinnenkloster St. Marienthal blieb hier bis in das 19. Jahrhundert bestehen. So hielten sich die evangelischen Christen von Kunnerwitz zum großen Teil zur Kirche des Nachbarortes Leschwitz/Weinhübel. Bestrebungen nach einer selbständigen evangelischen Kirche in Jauernick gab es immer wieder. 1834 waren die Verhandlungen zwischen der Superintendentur und dem Kloster so weit gediehen, dass das Patronatsverhältnis mit St. Marienthal gelöst werden konnte und der Weg für einen eigenen Kirchenneubau frei war. Schließlich wurde unter Einfluss des Breslauer Fürstbischofs Leopold von Sedlnitzky (1787–1871) festgelegt, dass die neu zu erbauende Kirche in Kunnerwitz errichtet werden soll, da diese hier zentral gelegen sein würde und von allen zum Kirchspiel zugehörigen Orten gut zu erreichen wäre. Infolgedessen beschäftigte die Standortwahl des Kirchenneubaus auch die königlich-preußische Regierung. Letztendlich bestätigte König Friedrich Wilhelm III. von Preußen (1770–1840) 1834 den Standort Kunnerwitz[194]. Am 2. Juli 1836 erfolgte der Kauf des neun Magdeburger Morgen[195] großen Grundstücks für Kirche und Friedhof, eine Fläche aus dem Grundbesitz des Kretschameigentümers Gottfried Richter. Die Bauleitung hatten zwei königliche Baubeamte inne, die staatliche Oberaufsicht hingegen der Königliche Regierungs- und Baurat Oeltze. Die Bauausführenden waren Maurermeister Lissel und Zimmermeister Bergmann aus Görlitz[196]. Der Bau von Kirche, Pfarrhaus mit Wirtschaftsgebäude[197] und dem zugehörigen Kantoratschulgebäude geschah in den Jahren 1836–1839. Zeitgleich wurde auch der Friedhof angelegt. Am 11. Juli 1839 fand in der Kirche zu Deutsch-Ossig die Wahl des neuen Pfarrers für die Kunnerwitzer Kirche statt. Erster Pfarrer der evangelischen Kirchengemeinde „Jauernick-Cunnerwitz" wurde Pfarrer Johann Eduard August Hausser (1802–1880). Erster Kantor und Lehrer war Eduard Franz[198]. Den Namen Erlöserkirche bekam die Kunnerwitzer Kirche zum Kirchweihfest 1964 anlässlich ihres 125jährigen Bestehens[199].

BAUGESCHICHTE

Die Kirche ist an der höchsten Stelle des Ortes erbaut und weithin sichtbar. Sie bildet mit den zu beiden Seiten symmetrisch angeordneten Bauten, der Pfarre und dem Kantoreischulgebäude (heute Dorfgemeinschaftshaus), eine von vornherein so projektierte architektonische Einheit, bei der die Gestaltung des gesamten Areals mit einbezogen wurde. Auffallend ist, dass der Kirchturm in das Kirchenschiff einbindet und der Altarbereich nach Nordwesten orientiert ist. Mit dieser zur Erbauungszeit eher unüblichen geographischen Ausrichtung erreichte der Architekt, dass die Kirchenpforte dem Ort einladend zugewandt ist. Unterstrichen wurde die Idee der ortsseitigen Öffnung des Areals noch durch die Wegeführung, die von der Dorfstraße her in einem kleinen Bogen als Vorfahrt direkt vor das Kirchenportal führt. Die Haupteingänge befanden sich zu beiden Seiten des Turmes. Hinter der leicht eingerückten Turmtür lag der Zugang zum Sängerchor mit der Orgel, den Emporen und dem Glockenstuhl. Ähnlich dem Glockenturm sind den Gebäudeecken Ziertürmchen aufgesetzt. Die im Rundbogenstil gehaltene Fassade ist klar strukturiert und erinnert an frühe Basiliken. Die Längsseiten der Kirche gliedern zwei übereinander angeordnete Fensterreihen zu je vier Rundbogenfenstern, wobei die oberen Fenster bedeutend größer sind. Die Gliederung der Fassade wird von einem Gurtgesims zwischen den Fensterreihen unterstrichen. Die Apsis hat einen geraden Schluss und tritt deutlich sichtbar aus dem Mauerwerk hervor. Die stirnseitigen Türen führen als kleine Nebeneingänge in den Kirchenraum. Markant an der Apsis ist das Halbrundfenster. Der Kirchenbau wird symbolträchtig von 12 Linden umrahmt, welche die zwölf Jünger Jesu vorstellen können. Obwohl nicht eindeutig geklärt, wird der Vorentwurf für dieses Ensemble Karl Friedrich Schinkel (1781–1841) zugeschrieben. So gibt es den Hinweis von Pastor Reinhold Winkelmann von 1939: „Der Vorentwurf zur Kirche ist von dem berühmten Berliner Architekten Schinkel, der im Auftrage des Königs für eine Anzahl von Kirchengemeinden des Ostens Entwürfe zeichnete, zur Verfügung gestellt worden"[200]. Mehr ist in den Unterlagen nicht vermerkt. Zum Abschluss kam das Bauvorhaben mit der Weihe der Kirche am 3. November 1839. Allerdings musste bereits 1847, noch keine zehn Jahre später, der Außenputz erneuert werden, 1859 erhielt der Turm eine Eindeckung mit Weißblech, die mit einem kupferfarbenen Farbabstrich versehen wurde und 1861 war die erste Dacherneuerung erforderlich[201]. Weitere Umbauten und Instandsetzungen folgten, wobei die Renovierung von 1939 anlässlich des 100jährigen Bestehens der Kirche für das innere Erscheinungsbild noch einmal bestimmend werden sollte. Zwischen 1974 und 1981 erfuhr die Kirche einschneidende bauliche Veränderungen als in Höhe der ersten Empore eine Zwischendecke eingezogen wurde und dadurch ein völlig neuer Raumeindruck vom Kirchensaal entstand. Damit verbunden befindet sich der Eingang in die Kirche jetzt hinter der Tür links neben dem Turm. Dieser eigenwillige Umbau war die sehr spezielle Antwort auf die schrumpfende Zahl der Gemeindeglieder und noch viel mehr auf den katastrophalen Bauzustand mit dem drohenden Verfall der Kirche. Die entstandene Oberkirche führt alle Aufgaben einer Kirche fort, wohingegen das neu gewonnene Untergeschoss zunächst komplett ausgegliedert wurde und als verschließbarer Lagerraum für kirchliche Baumaterialien eine völlig

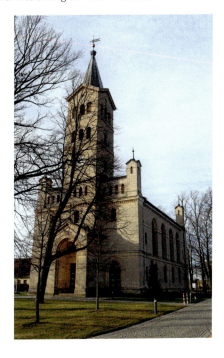

Erlöserkirche mit Umfahrt

Innenraum mit Chorraum

andere Nutzung erfuhr! – Und dennoch, die Bausubstanz konnte, entgegen der Befürchtungen, die Kirche nicht erhalten zu können[202], gerettet werden. Die Wiedereinweihung der Kirche fand am 1. November 1981 nach 7 Jahren Bauzeit statt. Die Unterkirche soll perspektivisch für Veranstaltungen ausgebaut werden.

DER INNENRAUM

Der Innenraum wiederholt den Charakter einer Basilika mit flacher Holzdecke und wiederkehrenden offenen Rundbögen, die an den Längsseiten auch die Fenster aufnehmen. In den beiden Seitenschiffen befinden sich von Anfang an zweigeschossige Emporen. Die geräumige Kirche bot anfänglich 800 Menschen Platz.

Der gerade abschließende **Chorraum** nahm ursprünglich einen Hochaltar auf. Dessen Predella zeigte eine

Darstellung des heiligen Abendmahls und das Altarbild eine Kreuzigungsgruppe. Altar und Taufe wurden vom einheimischen Tischlermeister Donat aus Holz gefertigt. Die Kanzel hatte ihren Platz an der Südseite, nahe am Triumphbogen. Markant war die hohe eckige Säule, auf welcher der Kanzelkorb thronte. Dieser brachte es auf eine stolze Höhe von 5,70 m, wurde später jedoch um einen Meter abgesenkt[203]. Die vier Reliefs der Evangelisten am Kanzelkorb und das Kanzelkreuz sind ein Auftragswerk des Görlitzer Holzbildhauers Hermann Riedinger von 1919[204]. Taufbecken, Altarbekleidung, Kruzifix, die gläsernen Kronleuchter und das Abendmahlsgerät sind Stiftungen, wobei einer der Glasleuchter erst 1900 angeschafft wurde. Dieser stammt aus der renommierten böhmischen Glasmachermanufaktur & Kronleuchterfabrik von Carl Hosch in Haida/Nový Bor[205]. Die beiden kleinen farbigen Rundbogenfenster hinter dem Altar wurden 1929 eingebaut[206]. Das große halbrunde in Blei gefasste Buntglasfenster zeigt den segnenden Christus. Es stammt aus den Zittauer „Kunstwerkstätten für Glasmalerei, Kunstglaserei und Messingverglasung" von Richard Schlein (1857–1940), der den Auftrag dafür 1932 erhalten hatte[207]. Die Bemalung der Altarwand und die Ausmalung der Emporen erfolgte 1939, als anlässlich des 100jährigen Bestehens der Kirche der Innenraum „künstlerisch und wahrhaft kirchlich hergerichtet" werden sollte[208]. Die Umsetzung übernahm der einheimische Kunstmaler und Töpfermeister Walter Rhaue (1885–1959) aus dem benachbarten Biesnitz. Den

Ursprünglicher Innenraum mit Hochaltar, nach 1939, Ratsarchiv Görlitz

Emporenbilder (von oben nach unten): Ankerkreuz, Christusmonogramm, Flammendes Herz, Kelch mit Hostie

überwölbten Altarbereich zieren in hellen Farben maßgeblich die mittig erscheinende Taube als Sinnbild für den Heiligen Geist und die daneben angeordneten Symbole der vier Evangelisten. Der Mensch versinnbildlicht Matthäus, der Löwe Markus, der Stier Lukas und der Adler Johannes. Das Ganze ist eingebettet in Rankenwerk. Die blumenartigen Abschlüsse tragen christliche Symbole, wie verschiedene Christusmonogramme, Ankerkreuz, Tatzenkreuz und Dornenkrone. Die Emporen wurden ebenfalls mit christlichen Symbolen ausgeschmückt. Auch diese sind von floralen Motiven umgeben. In Altarnähe symbolisieren Weintrauben, Kornähren und das lateinische Kreuz die Bestandteile des Abendmahls und das Kreuz Christi. An der oberen Empore beginnt die Bemalung mit einem Schiff als augenscheinliches Zeichen der Bibelstelle: „Und er [Jesus] trat in das Schiff, und seine Jünger folgten ihm." (Matthäus 8, 23–27) Der Mast in Kreuzform stellt symbolisch Christus dar und das Schiff die Gemeinde. Die gekreuzten Schlüssel sind Sinnbild für die Worte von Jesus an Petrus: „Ich will dir des Himmelreichs Schlüssel geben." (Matthäus 16, 19) Das flammende Herz versinnbildlicht, dass Gott und Mensch im Herzen zusammentreffen, wobei das Herz Symbol für die Liebe und das Leben ist. Die untere Reihe zieren ein Kreuz mit dreigeteilten Balkenenden als Symbol der Dreifaltigkeit, ein Monogramm für den Namen Jesus Christus mit den griechischen Buchstaben Jota I, Chi X und Rho P sowie ein Ankerkreuz als Zeichen für christliche Hoffnung, die in Verbindung mit dem Glauben und der Liebe steht. Das Ankerkreuz steht aber auch für die Hoffnung gegen die Stürme der Zeit, bei der Gott Halt gibt. Der Anker mit dem Querbalken unter dem Ring war zur Zeit der Christenverfolgung ein geheimes Zeichen für das Kreuz Christi. Die obere Empore gegenüber präsentiert einen Kelch. Der

Die vier Evangelisten am Kanzelkorb (von links nach rechts): Matthäus, Markus, Lukas und Johannes, 1919

Kelch deutet sowohl auf Heil und Erlösung hin, aber auch auf das Schwere, dass der Mensch zu tagen hat. Es folgt nochmal das Christusmonogramm mit Jota I, Chi X und Rho P. Die Fische sind ein uraltes Christuszeichen, welches als Geheimzeichen der frühen Christen entstand. Die untere Reihe beginnt mit einem Monogramm, nochmals für den Namen Jesus Christus, gebildet aus den griechischen Anfangsbuchstaben Jota I und Chi X. Daneben erscheinen wieder das Ankerkreuz und ein flammendes Herz.

Der gegenwärtige Raumeindruck ist das Resultat des großen Kirchenumbaus in den 1970er Jahren. An Stelle des ursprünglichen Hochaltares bildet nun das farbige Fensterbild mit dem segnenden Christus den zentralen Blickfang im Altarraum. Mensa, Taufstein, Kanzel und Orgel blieben erhalten. Das Altarkreuz mit Emailmosaik und Blattvergoldung stammt von 1981, gefertigt in der Firma Email – Schmuck – Schalen von Peter und Brigitte Fritsche in Görlitz[209]. Der neu eingebrachte Fußboden erhielt im Mittelschiff eine Fußbodenheizung. Die Kirchenbänke können bei Bedarf umgestellt werden.

DIE ORGEL

Die Orgel ist ein Werk der Kirchenorgelbauanstalt A. Schuster & Sohn in Zittau aus dem Jahr 1915. Sie ersetzt das ursprüngliche Instrument von Carl Friedrich Ferdinand Buckow (1801–1864), der bis 1862 Orgelbauer in Hirschberg/Jelena Góra war[210]. Seine Orgel war auf der zweiten Empore untergebracht. Für die nachfolgende bedeutend größere Schusterorgel wurde die darunter liegende erste Empore vergrößert und als Orgelempore umgebaut. Das neue Instrument hat ebenfalls zwei Manuale, ein Pedal, jedoch statt 16 nun 30 klingende Register und 1572 Pfeifen[211]. Von beeindruckender Größe ist der weiße, mit goldenen Verzierungen am Blendwerk versehene Prospekt, der über beide Emporengeschosse reicht. Eine Fülle von Metallpfeifen unterschiedlicher Länge lässt das Gehäuse gekonnt zurücktreten. Im etwas erhöhten

Orgel, A. Schuster und Sohn, Zittau

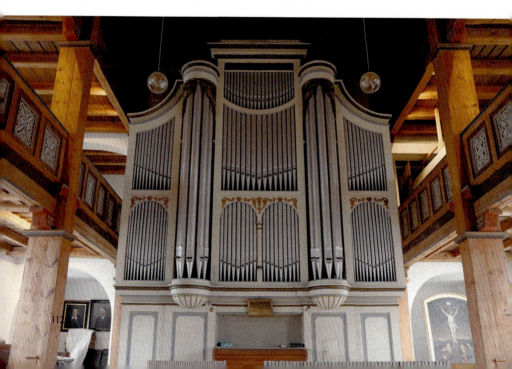

Mittelteil sind drei Abteilungen Pfeifen übereinander angeordnet. Säulenartig zusammengefasste sehr hohe Prospektpfeifen stellen den Übergang zu den am oberen Abschluss leicht geschwungenen Außenflügeln her. In der neuen Orgel wurden Teile der früheren Orgel von 1839 verwendet. Anlässlich der Hundertjahrfeier der Kirche erhielt das Instrument 1939 einen verbesserten Spieltisch. Im Sommer 1948 erfolgten die nötigen Reparaturen und einige Umbauten an der Orgel[212]. Der bevorstehende Abschluss des großen Kirchenumbaus Ende der 1970er Jahre löste im Sommer 1981 drei Generalreparaturen an der Orgel aus[213]. Durch das Einziehen der Zwischendecke dominiert die Orgel jetzt die gesamte Stirnwand. Eine erneute Generalreparatur der Orgel folgte im Zusammenhang mit der Neudeckung des Daches 2015. Das Instrument konnte genau 100 Jahre nach seinem Einbau erneut mit einem Festkonzert seiner Bestimmung übergeben werden.

links:
Ursprünglicher Innenraum mit Orgel, Carl Friedrich Buckow, 1839, Ratsarchiv Görlitz

rechts:
Orgel, A. Schuster und Sohn, 1915, Ratsarchiv Görlitz

Segnender Christus, Fensterbild, 1932

DIE GLOCKEN

Die neue Kirche erhielt ein Dreiergeläut. Die drei Bronzeglocken wurden von der Firma Christian Ludwig Pühler aus Gnadenberg/Godnów bei Bunzlau/Bolesławiec gegossen und bildeten einen Fis-Dur-Dreiklang. Von diesem Geläut wurden im Ersten Weltkrieg die beiden großen Glocken für Kriegszwecke eingezogen[214]. Übrig blieb die kleine Glocke. 1920 entschloss sich die Gemeinde, neue Glocken anzuschaffen. Den Auftrag erhielt die Klangstahl Glockengießerei Firma Schilling & Lattermann in Apolda[215]. Der Guss der drei neuen „Klangstahlglocken" erfolgte in der Zweigstelle Morgenröthe. Sie erhielten die Namen Liebe (große Glocke), Glaube (mittlere Glocke) und Hoffnung (kleine Glocke). Die Glockenweihe fand am 23. Juni 1921 statt, allerdings hatte man zur Finanzierung des neuen Geläutes auf Anraten die verbliebene

Bronzeglocke geopfert. Die Glocken aus der Zwischenkriegszeit läuten noch heute.

DER FRIEDHOF

Einhergehend mit dem Bau von Kirche, Pfarre und Schule/Kantorat wurde auch der Gemeindefriedhof angelegt. Im Gegensatz zu den althergebrachten Dorffriedhöfen der Gegend, die sich gewöhnlich um die Kirche erstrecken, schließt die Kunnerwitzer Begräbnisstätte als eigenständiges Areal im Norden an die Kirche an. Den Hauptgang bildet eine Lindenallee. Der Friedhof wurde ab 1905 in Etappen 1919 und 1930 mit einer starken granitenen Friedhofsmauer umgeben, die ihren Ausgang an einer kleinen Kapelle aus Backsteinen nimmt. Auf dem Kunnerwitzer Friedhof befinden sich die Gräber der Diakonissen des 1899 in Klein-Biesnitz gegründeten Diakonissenhauses Salem, einer Einrichtung der Oberlausitzer Synodaldiakonie. In einem eigens angelegten Soldatengräberfeld sind jene Soldaten bestattet, die während der letzten Kriegstage 1945 noch ihr Leben lassen mussten oder kurz danach ihren Verletzungen erlagen.

Kreuzigungsgruppe, ursprüngliches Altarbild

ANHANG

ENDNOTEN

1. Klein Neundorf kam 1988 zum Kirchspiel Kunnerwitz, da der angestammte Kirchort Deutsch-Ossig dem Braunkohletagebau zum Opfer fiel.
2. Aufgefundene Artefakte früher menschlicher Niederlassungen in der Oberlausitz stellte der renommierte Heimatkundler Alfred Moschkau (1848–1912) bereits 1885 in einer Bestandsaufnahme der prähistorischen Altertümer zusammen. Siehe: Moschkau 1885, S. 79–131.
3. Richthofen 2011a, S. 137.
4. Richthofen 2011b, S. 120; zusammenfassend WDH 1994, S. 140.
5. Richthofen 2011a, S. 144.
6. Mitschke – Maruck – Sahm 1992, S. 10, 12.
7. Ausführlich zum Gräberfeld von Hagenwerder siehe: Weinert 2006, S. 101–113. Das Gräberfeld ist in etwa am Bahnübergang Hagenwerder zu verorten.
8. Richthofen 2011a, S. 142f.
9. Mitschke – Maruck – Sahm 1992, S. 10.
10. Richthofen 2011a, S. 142.
11. Lappenbeile stellen eine Entwicklungsstufe bronzezeitlicher Beile dar. Das Markante sind zwei halbrunde Ausweitungen am Beilkörper, die sogenannten Lappen. Diese dienen als eine Art Schaft und fixieren den Stiel.
12. Mitschke – Maruck – Sahm 1992, S. 10; Mitschke 2007, S. 65.
13. Ebd., S. 13.
14. Zit.: Richthofen 2011b, S. 115; Mitschke – Maruck – Sahm 1992, S. 13.

Blick auf Kunnerwitz mit Landeskrone

Anhang | Endnoten

15 Ebd., S. 15f.
16 Ebd., S. 15; Nürnberger 2018, S. 19. Neue archäologische Erkenntnisse sind ausgeschlossen, da Ort und Flur Berzdorf dem Tagebau weichen mussten.
17 Mitschke – Maruck – Sahm 1992, S. 10.
18 Ebd., S. 15; Nürnberger 2018, S. 58.
19 Mitschke – Maruck – Sahm 1992, S. 15.
20 Weiterführend: Richthofen 2003.
21 Mitschke – Maruck – Sahm 1992, S. 15.
22 Ebd., S. 85. Zur Völkertafel: Richthofen 2004, S. 7f.
23 Blaschke 2003, S. 11f.
24 Mitschke – Maruck – Sahm 1992, S. 85.
25 Hoche 2006, S. 69.
26 Dannenberg – Donath 2009, S. 7.
27 Grundlegend zur Besiedelung und der Geschichte der Oberlausitz siehe: Blaschke 2003, hier insbes. S. 50.
28 Der preußisch gewordene Teil der Oberlausitz wurde administrativ dem Regierungsbezirk Liegnitz/Legnica der Provinz Schlesien/Śląsk zugeordnet.
29 Codex diplomaticus Lusatiae superioris, G. Köhler (Hrsg.), Band I, 2. Auflage Görlitz 1856, S. 317f. Die 1831 vom Görlitzer Superintendenten Christoph Wilhelm Mößler verfasste Übertragung ist abgedruckt in: Wenzel 2007, S. 2.
30 Blaschke 2005, S. 36.
31 Menzel 2010, S. 89f.
32 Hans Frenzel (1463–1526) ist bekannt als Bauherr der Annenkapelle. Auf Georg Emmerich (1422–1507) führt das Heilige Grab in Görlitz zurück.
33 Boetticher III 1919, S. 570.
34 AVKGG/W, Akte Nr. 83.
35 Ebd., S. 15. Theodorus Granalt als Theodor Cranalt oder Dietrich Cranleid in: Neß 2017, S. 108.
36 Buchwald 1894, Eintrag 1500.
37 AVKGG/W, Akte Nr. 83.
38 Boetticher III 1919, S. 571.
39 Hans von Warnsdorf war Landesältester. Er nahm als Mitglied der Ober-

lausitzer Abordnung 1608 am Landtag in Prag teil und gehörte 1610 zur Gesandtschaft an den Kaiser. Weiterführend: Knothe 1879/2008, S. 161.

[40] Boetticher III 1919, S. 66.
[41] AVKGG/W, Akte Nr. 83.
[42] Ebd., S. 28. Das neue Pfarrgehöft brannte 1733 zum ersten Mal aus.
[43] Gottfried Wiedemann (gest. 1714) war der Schwager von Caspar Friese.
[44] AVKGG/W, Akte Nr. 83.
[45] Ebd., S. 17.
[46] Lutzsch 1891, S. 744.
[47] Der Glaskronleuchter kam 1883 als Geschenk einer Witwe in die Kirche. Er wurde 1958 zum Verkauf freigegeben und gelangte in das Schloss Neschwitz. AVKGG/W, Akte Nr. 43, 89.
[48] AVKGG/W, Akte Nr. 83.
[49] Ebd., S. 13.
[50] Johann Georg III. war der Vater und Johann Georg IV. der Bruder Augusts des Starken.
[51] Als das Altarbild entstand, hatte die Peterskirche noch ihre barocken Türme. Diese waren unterschiedlich hoch und auch nicht gleich geformt. Die markanten Doppeltürme wurden erst zwischen 1889 und 1891 errichtet.
[52] Weiterführend zu Elias Kramer, siehe: Wenzel 2007, S. 12.
[53] Sämtliche Zitate: AVKGG/W, Akte Nr. 83.
[54] Versuche der Zuschreibung haben Otto Reer, Horst Wenzel und Constanze Herrmann unternommen. Reer sieht das Gemälde erstmalig als dem schlesischen Barockkünstler Michael Leopold Willmann (1630–1706) nahe stehend, siehe: Reer 1935, S. 13. Wenzel folgt dieser Annahme, siehe: Wenzel 2007, S. 15–23. Herrmann kommt durch Vergleiche zu dem Schluss, dass die Weinhübler Altartafel und das Altarbild in der Kirche von Uhyst dem selben Maler zugeschrieben werden können. Vortrag vom 26. September 2013.
[55] Sadeler stammte aus einer niederländischen Kupferstecherfamilie. Sein Wirkungsfeld war zunächst in Nürnberg, München und Italien. 1597 berief ihn Kaiser Rudolf II. (1552–1612) an seinen Hof nach Prag. Dort war Sadeler für ihn und seine Nachfolger bis zu seinem Lebensende tätig. Zu druckgrafischen Vorlagen siehe: Bönisch 2018, insbes. S. 340f.

⁵⁶ Ein womöglich weiterer Kunstmaler gab dem Selbstporträt eine rote Kopfbedeckung mit weißem Zierrat. Diese wiederholt sich in leicht abgewandelter Form im Weinhübler Altarbild und in dem von Uhyst an der Spree sowie am Epitaph für Andreas Klement und Adam Franck in der Zittauer Klosterkirche.
⁵⁷ Zit.: Reer 1935, S. 13.
⁵⁸ Evangelium nach Matthäus 3,16.
⁵⁹ AVKGG/W, Akte Nr. 43, Bericht über die Restaurierungsarbeiten.
⁶⁰ Zit.: Reer 1934, S. 36. Der stehende Taufengel befindet sich derzeit nicht in der Kirche.
⁶¹ Otto 1795, S. 35.
⁶² Hackel – Pape 2012, S. 271 gibt, abweichend zum Typenschild, das Baujahr mit 1876 an. Die Orgel wurde wahrscheinlich um 1910 verändert. Das Orgelwerk erhielt eine pneumatische Konstruktion, die einem Orgelgutachten zur Folge vollständig misslungen war. Die Reparatur/Rückbau erfolgte 1955. AVKGG/W, Akte Nr. 55, Gutachten.
⁶³ AVKGG/W, Akte Nr. 83.
⁶⁴ Eichler – Walther 1975, S. 309. Gelegentlich wird die Meinung vertreten, das Dorf wäre bereits 1306 erstmalig erwähnt worden, so wie es auf der Tafel in der Dorfkirche und in der 2006 erschienenen Publikation „Geschichte des 700jährigen Dorfes Tauchritz" zu lesen ist. Diese Jahresangabe ist aus gegenwärtiger Sicht nicht haltbar. Jegliche Quellenangabe fehlt. In Frage kommen würde das älteste Görlitzer Stadtbuch, das 1305 angelegt worden ist. Allerdings sind sämtliche in den ersten Jahren vorgenommenen Eintragungen ohne Jahresangabe erfolgt, so dass eine exakte Datierung bis 1325 nicht möglich ist. In der zweiten Version wird eine Urkunde von 1306 im Archiv des Klosters St. Marienthal vermutet. Solch ein Dokument gibt es dort jedoch nicht, wohl aber eine Urkunde von 1317 in der besagter Otto de Thucharaz erwähnt ist (KlA Marst. U74).
⁶⁵ Vgl. Meschgang 1981, S. 114f; Wenzel 2008, S. 173. Ausführlich zur historischen Entwicklung des Namens Tauchritz, siehe: Kühnel – Eichler 1982, S. 230; Doehler 1905, S. 65.
⁶⁶ Zusammenfassend zur Geologie von Tauchritz siehe: Großer 2012, S. 129–131.

67 Hartstock 2000, S. 10; Hartstock 2004, S. 34f.
68 Radomierzyce liegt fast gegenüber der Ortslage Hagenwerder auf der polnischen Uferseite der Lausitzer Neiße, unmittelbar im Zusammenfluss von Neiße und ihrem rechten Zufluss Witka/Wittig.
69 Knothe 1879, S. 379.
70 Das Original der Meißner Bistumsmatrikel von 1346 gilt als verloren. Die vorliegenden Angaben stammen aus einer von Karl Benjamin Preusker 1854 veröffentlichten Abschrift der im Domstiftsarchiv Bautzen erhaltenen Matrikel. Siehe: Preusker 1854, S. 382, 384; Lutsch 1891, S. 758. Weiterführend zur Bistumsmatrikel siehe: Knothe 1880, S. 278–290, insbes. S. 288.
71 Boetticher 1927, S. 136; Knothe 1879, S. 379, 622.
72 Die Landeskrone mit den umliegenden Orten wurde 1440 von der Stadt Görlitz erworben. Siehe auch Kap. Erlöserkirche Kunnerwitz.
73 Knothe 1879, S. 211, 622.
74 Mischke 1861, S. 103.
75 Weiterführend zu den Herren von Rackwitz siehe: Boetticher 1927, S. 174.
76 Zit.: in Jecht 1926, S. 768.
77 1 Schock böhmische Groschen = 3 Gulden = 60 Groschen.
78 Ausführlich siehe: Jecht 1926, S. 767f; Lemper 1980, S. 69; Wenzel 1998, S. 1f; Winzeler 2015.
79 DJ, II. Urkunden-Regesten, Friedland 19. Juli 1380, S. 65.
80 Doehler 1905, S. 66.
81 Knothe 1879, S. 622.
82 DJ, II. Urkunden-Regesten, Prag 17; Knothe 1879, S. 212, 407.
83 DJ, Arch. Joach. Nr. 5.
84 Ebd., Nr. 15; Knothe 1879, S. 212f.
85 Doehler 1905, S. 91.
86 DJ, Arch. Joach. Nr. 16; Doehler 1905, S. 93, 174.
87 Ebd, S. 89.
88 DJ, Arch. Joach. Nr. 63; Doehler 1905, S. 175.
89 Grundlegend zu den Hussitenkriegen in der Oberlausitz siehe: Anděl 2006, S. 71–88, insbes. S. 73; konkret für Tauchritz Doehler 1905, S. 72; Boetticher 1927, S. 74.

Anhang | Endnoten

⁹⁰ AVKGG/T, Akte Nr. 215; Voigt 1801, S. 9.
⁹¹ Flaschner 1798, S. 8.
⁹² Der Begriff Sarazenen bezeichnete ursprünglich einen Beduinenstamm der im Nordwesten der arabischen Halbinsel siedelte. Der Name wurde im Mittelalter des christlichen Europas zur Sammelbezeichnung für islamische Völker, die in den Mittelmeerraum eindrangen.
⁹³ Zitate: Pitzschmann 1683. Pitzschmanns Andeutungen entsprechen dem Geschehen während des dritten Kreuzzuges. Dieser führte, zunächst noch mit Kaiser Barbarossa an der Spitze, über den Balkan durch das Byzantinische Reich, etwas südwestlich an dessen Hauptstadt Konstantinopel vorbei, und weiter durch das Gebiet von Türken-Stämmen bis letztlich an die Levanteküste. Von großer Bedeutung für den Verlauf des Kreuzzuges waren die unterwegs im Mai 1190 ausgetragene Schlacht bei Philomelion/Akşehir und die Erstürmung der Zitadelle von Iconium/Konya im türkischen Zentralanatolien und schließlich ab Oktober des gleichen Jahres die Belagerung der Festung von Akko (im Altertum Ptolemais) und folglich die Rückeroberung dieser wichtigen Hafenstadt.
⁹⁴ Doehler 1905, S. 176.
⁹⁵ DJ, Arch. Joach. Nr. 101.
⁹⁶ AVKGG/T, Akte Nr. 5.
⁹⁷ H. H. 1754, S. 28f.
⁹⁸ WDH 1994, S. 190, 191; Schumann 1824, S. 606.
⁹⁹ DJ, Arch. Joach. Nr. 142; Doehler 1905, S. 176f; Boetticher III, S. 658.
¹⁰⁰ Koschelt 1887, S. 342.
¹⁰¹ Zit.: Koschelt 1887, S. 342.
¹⁰² Zit.: Voigt 1801, S. 11.
¹⁰³ WDH 1994, S. 190.
¹⁰⁴ Zit.: Voigt 1801, S. 11.
¹⁰⁵ Doehler 1905, S. 89.
¹⁰⁶ Zu ausführlichen Darlegungen über Joachim Siegmund von Ziegler und Klipphauen und das Stift Joachimstein sei verwiesen auf: Böhmer 2004; Ridder 2009, S. 39–49; Bergmann 2014, S. 41–66.
¹⁰⁷ Zit.: Doehler 1905, S. 47. Weiterführend zur inneren Ordnung des Stifts und

zum Leben im Stift siehe: Großer 2012, S. 27–38.
[108] Grundlegend zur Nutzung des Gutes Tauchritz als Stiftsgut siehe: Großer 2012, S. 131–134.
[109] Blaschke 2005, S. 49.
[110] AVKGG/T, Akte Nr. 103.
[111] Mischke 1861, S. 103.
[112] Grundlegend zu den Auswirkungen des Wiener Kongresses für die Oberlausitz siehe: Blaschke 1999, S. 264–292.
[113] Doehler 1905, S. 90.
[114] Ebd., S. 54–56, 90.
[115] Großer 2012, S. 197, 213.
[116] Zit.: AVKGG/T, Akte Nr. 144.
[117] Ebd.
[118] Die neue Dacheindeckung wurde am 9. November 1991 fertig gestellt. Die Fassadenarbeiten erfolgten 2001. AVKGG/T, Akte Nr. 133.
[119] AVKGG/T, Akte Nr. 7.
[120] AVKGG/T, Akte Nr. 123.
[121] Ebd.
[122] AVKGG/T, Akte Nr. 122.
[123] AVKGG/T, Akte Nr. 123.
[124] AVKGG/T, Akte Nr. 122. Zum Umfang eines 1961 genannten neuen Anstrichs des Altares ist nichts Näheres ausgeführt. Neue Vergoldungen scheinen in diesem Zusammenhang nicht vorgenommen worden zu sein, siehe: AVKGG/T, Akte Nr. 115.
[125] AVKGG/T, Akte Nr. 122.
[126] Jesus war am siebenten Tag der Woche, einen Tag nach dem Sabbat, von den Toten auferstanden. Der darauf folgende achte Tag markierte somit einen neuen Anfang.
[127] AVKGG/T, Akte Nr. 14.
[128] AVKGG/T, Akte Nr. 170.
[129] AVKGG/T, Akte Nr. 14.
[130] Ebd.
[131] AVKGG/T, Akte Nr. 179.

[132] Der sechszackige Stern war im frühen Mittelalter ein allgemein verwendetes Motiv, welches oft als Talisman oder Amulett gegen Dämonen und Feuergefahr verwendet wurde. Der Stern soll schon König David geschützt haben. Er ist auch ein Symbol für die Schöpfung. Vgl. Cooper 1986, S. 184.

[133] Im Ursprungssinn ist die Helmdecke ein Kopf- oder Nackenschutz aus Stoff der unter dem Helm getragen wurde.

[134] Die Existenz des Degens lässt sich nur durch mündliche Überlieferung bis etwa 1980 nachweisen.

[135] Weiterführend zu evangelischen Beichtstühlen siehe: Zobel 1932, S. 176.

[136] Zit.: Brückner 1906, S. 128. Aktuell: Gürlach 2008, S. 116–122, dem für Tauchritz jedoch Brückner 1906, S. 128 zu Grunde liegt.

[137] Bürger – Winzeler 2006, S. 139.

[138] Zit.: AVKGG/T, Akte Nr. 196.

[139] AVKGG/T, Akte Nr. 214.

[140] Inschrift des Denkmals für die Gefallenen des Ersten Weltkrieges in Tauchritz.

[141] Weiterführend: Dannenberg – Donath 2008, S. 78f.

[142] Das originale Dokument ist allerdings nicht mehr vorhanden.

[143] Mitschke – Maruck – Sahm 1992, S. 85. Weiterführend zur christlichen Mission: Ebd., S. 19–21.

[144] Ebd., S. 32–34; Maruck 1994, S. 4.

[145] Weiterführend zu den Vorwerken und Gärten, die ehedem Zins an die Kirche nach Jauernick zahlten: Jecht 1926, S. 601f; Maruck 1994, S. 3f.

[146] Mitschke – Maruck – Sahm 1992, S. 25, 86; Maruck 1994, S. 7.

[147] Lehmann – Maruck – Zedel 2017, S. 20.

[148] Weiterführend zum Rittergut: Großer 2012, S. 81–89.

[149] Der 30. April 1525 gilt als Datum für die Einführung der Reformation in der Oberlausitz. An diesem Tag wurde das heilige Abendmahl erstmals in beiderlei Gestalt in der Georgenkapelle von St. Peter und Paul zu Görlitz gefeiert, nachdem bereits einige Tage zuvor die Reformation per Ratsdekret anerkannt worden war.

[150] Amtszeit von Johann Zacharias: von 1516 bis 1538, vgl. Maruck 1994, S. 7; Weiterführend: Mitschke – Maruck – Sahm 1992, S. 45f.

[151] Ebd., S. 56.
[152] Ebd., S. 56.
[153] AVKGG K/J, Akte 1.
[154] Mitschke – Maruck – Sahm 1992, S. 47; Neß 2016, S. 167.
[155] Maruck 2007, S. 365; Mader 1989, S. 3.
[156] Maruck 1994, S. 10.
[157] Mader 1989, S. 3.
[158] Weiterführend zur Übereinkunft mit St. Marienthal und den Nachbargemeinden: Ebd., S. 3f.
[159] AVKGG K/J, Akte 1.
[160] Mitschke – Maruck – Sahm 1992, 88.
[161] Zur Gründung eines eigenen evangelischen Kirchspiels Jauernick-Kunnerwitz: Ebd., S. 50–54, hier insbes. S. 52, 54.
[162] Nach Blaschke besaß Jauernick 1871 439 Einwohner, vgl.: WDH 1994, S. 227.
[163] WDH 1994, S. 164.
[164] Schenkungsurkunde AVKGG K/J, Akte 252, S. 1–4b; Zit.: Ebd., S. 2.
[165] Verhandlung vom 9. März 1863 AVKGG K/J, Akte 252, S. 23–24b; Zit.: Ebd., S. 23b.
[166] Zit.: Ebd., S. 20b.
[167] Zit.: Ebd., S. 21.
[168] Ebd., Bestätigung Kostenanschlag.
[169] Mader 1989, S. 17.
[170] AVKGG K/J, Akte 258.
[171] AVKGG K/J, Akte 260.
[172] Ebd., Rechnung.
[173] Ebd., Empfangsbestätigung.
[174] AVKGG K/J, Akte 252.
[175] AVKGG K/J, Akte 254.
[176] Ebd., Meldebogen für Orgeln.
[177] AVKGG K/J, Akte 257.
[178] AVKGG K/J, Akte 252; Zit.: Ebd., S. 51f.
[179] Kammbach 2000, S. 4.
[180] AVKGG K/J, Akte 254.

Anhang | Endnoten

[181] Mader 1989, S. 13.
[182] Zit.: AVKGG K/J, Akte 255.
[183] Ebd., Schreiben aus Apolda.
[184] AVKGG K/J, Akte 253.
[185] AVKGG K/J, Akte 255. Übersetzung der Glockeninschrift: Mader 1989, S. 16.
[186] CDLS III 426.
[187] Eichler – Walter 1975.
[188] Dannenberg – Donath 2009, S. 18.
[189] Knothe 1879, S. 119, 430; Menzel 2010, S. 82f.
[190] Der Pönfall war die königliche Strafe Ferdinands I. (1503–1564) für die zögerliche Waffenhilfe der sechs oberlausitzer Städte im Schmalkaldischen Krieg und dem Abzug des oberlausitzer Truppenkontingentes vor der Schlacht bei Mühlberg. Der Pönfall hatte neben einer sehr hohen Geldstrafe unter anderem die Aberkennung aller Privilegien und den Entzug sämtlicher Landgüter zur Folge.
[191] Boetticher III 1919, S. 69, 71.
[192] AVKGG/W, Akte Nr. 83.
[193] Dannenberg – Donath 2009, S. 18.
[194] Mader 1989, S. 6.
[195] Magdeburger Morgen ist die zwischen 1816 und 1869 in Preußen übliche Maßeinheit für eine Fläche. Ein Magdeburger Morgen entspricht 2.553,22 Quadratmetern.
[196] Winkelmann 1939, S. 15.
[197] Das heutige Erscheinungsbild der Pfarre geht auf Umbaupläne von 1904 zurück. AVKGG K/J, Akte Nr. 261.
[198] Mader 1989, S. 5.
[199] AVKGG K/J, Akte Nr. 4.
[200] Zit.: Winkelmann 1939, S. 16.
[201] Mader 1989, S. 7.
[202] Ebd., S. 17.
[203] Winkelmann 1939, S. 17.
[204] AVKGG K/J, Akte Nr. 420.
[205] Winkelmann 1939, S. 18; AVKGG K/J, Akte Nr. 282.

[206] AVKGG K/J, Akte Nr. 240, Rechnung vom 15. Mai 1929 über zwei Fenster in Bleiverglasung von den „Kunstwerkstätten für Glasmalerei, Kunstglaserei und Messingverglasung" von Richard Schlein aus Zittau.
[207] Ebd., Auftragsbestätigung.
[208] AVKGG K/J, Akte Nr. 244.
[209] AVKGG K/J, Akte Nr. 259.
[210] Hackel – Pape 2012, S. 46, Winkelmann 1939, S. 17.
[211] AVKGG K/J, Akte Nr. 247.
[212] AVKGG K/J, Akte Nr. 249.
[213] Mader 1989, S. 19.
[214] AVKGG K/J, Akte Nr. 256.
[215] AVKGG K/J, Akte Nr. 250.

LITERATURVERZEICHNIS

Andĕl 2006: R. Andĕl, Böhmen und die Oberlausitz während der Hussitenkriege in: L.-A. Dannenberg – M. Herrmann – A. Klaffenböck (Hrsg. im Auftrag der OlGdW), Böhmen–Oberlausitz–Tschechien. Aspekte einer Nachbarschaft, NLM Beiheft 4 (Görlitz-Zittau 2006) S. 71–78

Bergmann 2014: J. Bergmann, Ein wohltätiger Eigenbrötler – Konzept und Entstehungsgeschichte des Stiftes Joachimstein im Kontext der Biographie des Stifters Joachim Sigismund von Ziegler und Klipphausen und seiner Statuten in: Oberlausitzische Gesellschaft der Wissenschaften (Hrsg.), Neues Lausitzisches Magazin 136, Neue Folge17 (Görlitz 2014) S. 41–66

Blaschke 1999: Kh. Blaschke, Bewahrte Einheit. Die Oberlausitz in den 130 Jahren erzwungener Teilung 1815–1945, in: Oberlausitzische Gesellschaft der Wissenschaften (Hrsg.), Sammeln–Erforschen–Bewahren. Zur Geschichte und Kultur der Oberlausitz, Neues Lausitzisches Magazin, Sonderheft (Hoyerswerda / Görlitz 1999) S. 264–292

Blaschke 2003: Kh. Blaschke, Beiträge zur Geschichte der Oberlausitz (Görlitz-Zittau 2003)

Blaschke 2005: Kh. Blaschke, Atlas zur Geschichte und Landeskunde von Sachsen, Beiheft zur Karte C III 4, Das Markgraftum Oberlausitz und das Amt Stolpen 1777 (Leipzig und Dresden 2005)

Boetticher I–IV: W. v. Boetticher, Geschichte des Oberlausitzischen Adels und seiner Güter 1635–1815, Band I–IV (Görlitz 1912, 1913, 1919, 1923)

Boetticher 1927: W. v. Boetticher, Der Adel des Görlitzer Weichbildes um die Wende des. 14. und 15. Jahrhunderts (Görlitz 1927)

Blick auf Jauernick

Anhang | Literaturverzeichnis

Böhmer 2004: T. u. M. Böhmer, Eine Reise in die Vergangenheit. Stift Joachimstein (Bautzen 2004)
Bönisch 2018: R. Bönisch, Die druckgraphischen Vorlagen der biblischen Gemälde auf den Zittauer Epitaphien, in: Epitaphien Netzwerke Reformation. Zittau und die Oberlausitz im konfessionellen Zeitalter (Zittau 2018) S. 329–356
Buchwald 1984: G. Buchwald, Wittenberger Ordiniertenbuch.1537–1560 (Leipzig 1894/95)
Cooper 1986: J. C. Cooper, Lexikon alter Symbole (Leipzig 1986)
Dannenberg – Donath 2008: L.-A. Dannenberg – M. Donath, Schlösser in der südlichen Oberlausitz. Schlösser in der Oberlausitz 2, Edition Sächsische Zeitung (Meißen 2008)
Dannenberg – Donath 2009: L.-A. Dannenberg – M. Donath, Schlösser in der östlichen Oberlausitz. Schlösser in der Oberlausitz 3, Edition Sächsische Zeitung (Meißen 2009)
DJ: Diplomatarium Joachimsteinense. Siehe: Doehler 1905
Doehler 1905: R. Doehler, Diplomatarium Joachimsteinense. Die Urkunden der zur Herrschaft des freien weltadligen evangelischen Fräuleinstifts Joachimstein gehörigen Rittergüter Radmeritz, Niecha, Markersdorf, Nieder-Linda, Tauchritz, Maltitz mit Tettichen, Küpper sowie der Rittergutes Nieder-Leuba in Registern bearbeitet und mit einer Geschichte der älteren Ortsherrschaften von Radmeritz und des Stifts eingeleitet (Sonderdruck 1905)
Donat 1777: S. G. Donat, Auszug aus D. Johann Jacob Scheuchzers ehemaligen Professors zu Zürich, Physica sacra; Mit Anmerkungen und Erläuterungen der darinnen vorkommenden Sachen, aus den neuen exegetischen, physischen und historischen Schriften (Leipzig 1777)
Eichler – Walther 1975: E. Eichler – H. Walther, Ortsnamenbuch der Oberlausitz (Berlin 1975)
Flaschner 1798: G. B. Flaschner, Priviligiertes Zittauisches topografisches Biografisches Historisches monatliches Taschenbuch (Zittau 1798)
Großer 2012: K. H. Großer, Stift Joachimstein und seine Güter (Olbersdorf 2012)
Hackel – Pape 2012: W. Hackel – U. Pape (Hrsg.), Lexikon norddeutscher Orgelbauer, Band 2, Sachsen und Umgebung (Berlin 2012)

Hartstock 2000: E. Hartstock, Entstehung und Entwicklung der Oberlausitzer Teichwirtschaft, Schriftenreihe der Sächsischen Landesanstalt für Landwirtschaft Sonderheft, 5. Jahrgang 2000 (Dresden 2000)
Hartstock 2004: E. Hartstock, Teichwirtschaft in der Oberlausitz. Abriß der Geschichte von den Anfängen bis 1945 (Bautzen 2004)
H. H. 1754: H. H., Einige Nachrichten von Oberlausitzschen Turf in: Arbeiten einer vereinigten Gesellschaft in der Oberlausitz zu den Geschichten und der Gelahrtheit überhaupt gehörende. Bd. V, erstes Stück (Leipzig, Lauban 1754) S. 25–36
Hoche 2006: S. Hoche, Entwicklung im Mittelalter 10. bis 15. Jahrhundert in: Joachim Mühle (Hrsg.): Von der Muskauer Heide zum Rotstein (Bautzen 2007) S. 69–73
Jecht 1926: R. Jecht, Geschichte der Stadt Görlitz (Reprint Görlitz1996)
Kammbach 2000: F. Kammbach, Die Müller-Reiß-Orgel in der Kath. Pfarrkirche St. Wenzeslaus zu Jauernick-Buschbach, Kirchenvorstand (Hrsg.) (o.O.u.J.)
Knothe 1879: H. F. Knothe, Geschichte des Oberlausitzer Adels und seiner Güter vom XIII. bis gegen Ende des XVI. Jahrhunderts. Fortsetzung der Geschichte des Oberlausitzer Adels und seiner Güter von Mitte des 16. Jahrhunderts bis 1620 (Leipzig 1879, Nachdruck Spitzkunnersdorf 2008)
Knothe 1880: H. F. Knothe, Untersuchungen über die Meißner Bistumsmatrikel, soweit sie die Oberlausitz betrifft, in: NLM 1880, Bd. 56 (Görlitz 1880) S. 278–298
Knothe 1885: H. F. Knothe, Die Stellung der Gutsunterthanen in der Oberlausitz zu ihren Gutsherrschaften, von den ältesten Zeiten bis zur Ablösung der Zinsen und Dienste, in: NLM 1885, Bd. 61 (Görlitz 1885) S. 195–307
Koschelt 1887: G. Koschelt, Kriegsdrangsale von Görlitz und Umgebung zur Zeit des Dreißigjährigen Krieges, in: NLM 1887, Band 63 (Görlitz 1887) S. 306–350
Kühnel – Eichler 1982: P. Kühnel – E. Eichler (Hrsg.), Die Slawischen Orts- und Flurnamen der Oberlausitz (Nachdruck von Kühnel 1890, Leipzig 1982)
Lehmann – Maruck – Zedel 2017: J. Lehmann – T. Maruck – C. Zedel, 1050 Jahre Jauernick. Jauernick-Buschbach feiert! (Radebeul 2017)
Lemper 1980: K.-H. Lemper, Görlitz. Eine historische Topographie (Leipzig 1980)

Lutsch 1891: H. Lutsch, Die Kunstdenkmäler des Regierungs-Bezirkes Liegnitz. Die Denkmale der Markgrafschaft Oberlausitz (Breslau 1891)

Mader 1989: U. Mader, 1839–1989. 150 Jahre Evangelische Erlöser-Kirche (Kunnerwitz o.O.u.J.)

Maruck 1994: T. Maruck, St. Wenzelslaus. Jauernick-Buschbach, Schnell Kunstführer Nr. 2172 (Regensburg 1994)

Maruck 2007: T. Maruck, Jauernick-Buschbach in: Joachim Mühle (Hrsg.): Von der Muskauer Heide zum Rotstein (Bautzen 2007) S. 365–366

Menzel 2010: S. Menzel, Die Ratsdörfer der Stadt Görlitz, Krobnitzer Hefte 2 (Rothenburg 2010)

Meschgang 1981: J. Meschgang, Die Ortsnamen der Oberlausitz (Bautzen 1981)

Mischke 1861: J. G. Mischke, Markgrafenthum Oberlausitz, Königlich Preußischen Antheils in geschichtlicher, statistischer und topographischer Hinsicht (Görlitz 1861)

Mitschke 2007: H. Mitschke, Die ur- und frühgeschichtliche Besiedelung in: Joachim Mühle (Hrsg.): Von der Muskauer Heide zum Rotstein (Bautzen 2007) S. 64–68

Mitschke – Maruck – Sahm 1992: H. Mitschke – T. Maruck – E. Sahm: Verweile Wanderer. Jauernick-Buschbach. Ein Streifzug durch Geschichte und Gegenwart, Kultur und Kuriositäten eines lebenswerten Ortes (Görlitz o.J.)

Moschkau 1885: A. Moschkau, Die prähistorischen Alterthümer der Oberlausitz und deren Fundstätten, in: NLM 1885, Bd. 61, S. 79–131

Neß 2016: D. Neß, Schlesiens Pfarrerbuch, neunter Band Schlesische Oberlausitz (Leipzig 2016)

Nürnberger 2018: F. Nürnberger, Schanzen und Burgwälle der Oberlausitz einst und jetzt (Spitzkunnersdorf 2018)

Otto 1795: G. F. Otto, Altes und Neues von Friedersdorf bey der Landeskrone als ein Beytrag zur Ober-Lausitzischen Geschichte (Görlitz 1795)

Pietzschmann 1683: G. G. Pietzschmann, Taufpredigt für Charlotta Eleonora Tugendreich von Warnsdorf, in: OlB Oberlausitzer Predigten 3. Teil, Sammelband 199.5

Preusker 1854: K. B. Preusker, Der Bischöflich-Meißnische Sprengel in Bezug auf die Oberlausitz, in: NLM 1854, Bd. 12 (Görlitz 1854) S. 382, 384

Reer 1934: O. Reer, Fund eines Taufbeckens aus dem 18. Jahrhundert auf dem Dachboden der Leschwitzer Kirche, in: Die Heimat, Nr. 9 1934, Beilage des „Neuen Görlizer Anzeigers", 27. Februar 1934

Reer 1935: O. Reer, Barockes Taufbecken und Altargemälde in der Leschwitzer Kirche, in: Die Heimat, Nr. 4 1935, Beilage des „Neuen Görlizer Anzeigers", 22. Januar 1935

Richthofen 2003: J. von Richthofen, Die Landeskrone bei Görlitz. Eine bedeutende slawische Befestigung in der östlichen Oberlausitz, in: Görlitzer Magazin 16. Jahrgang (Görlitz-Zittau 2003) S. 3–17

Richthofen 2004: J. von Richthofen, Besunzane – Milzener – Sorben, in: Besunzane – Milzener – Sorben, Schriftentenreihe der Städtischen Sammlungen für Geschichte und Kultur Görlitz N.F. Bd. 37 (Görlitz-Zittau 2004) S. 7–27

Richthofen 2011a: J. von Richthofen, Die ur- und frühgeschichtliche Besiedlung der Neißeregion, in: T. Napp – G. Oettel (Hrsg.), Zwischen Neiße, Schöps und Spree. Der Landkreis Görlitz (Görlitz 2011) S. 134–147

Richthofen 2011b: J. von Richthofen, Das Altertümerkabinett, in: Kunst und Wissenschaft um 1800, Schriftenreihe der Städtischen Sammlungen für Geschichte und Kultur Görlitz N.F. 43 (Bielefeld 2011) S. 111–127

Ridder 2009: D. Ridder, Das Grufthaus der Stiftsfräulein auf dem Kirchhof von Radmeritz (Radomierzyce), in: Silesia Nova, Vierteljahresschrift für Kultur und Geschichte, Hrsg. Institut für Germanische Philologie Heft 01/2009, S. 39–49

Schrage 2001: G. E. Schrage: Die Oberlausitz bis zum Jahr1346, in: Bahlke, Joachim (Hrsg.): Geschichte der Oberlausitz. Herrschaft, Gesellschaft und Kultur vom Mittelalter bis zum Ende des 20. Jahrhunderts (Leipzig 2001) S. 55–97

Schumann 1824: A. Schumann, Vollständiges Staats- Post- und Zeitungs-Lexikon von Sachsen enthaltend eine richtige und ausführliche geographische, topographische und historische Darstellung aller Städte, Flecken, Dörfer, Schlösser, Höfe, Gebirge, Wälder, Seen, Flüsse etc. (Zwickau 1824)

Voigt 1801: K. G. Voigt, Verfasser: Nachbarn und evangelische Amtsbrüder von Pfarrer Voigt, Dem Andenken des Hochwohlehrwürdigen Herren, Herrn M. Karl Gottfried Voigt's, gewesenen wohlverdienten Pfarrers in Tauchritz (Görlitz 1801)

Anhang | Literaturverzeichnis

WDH 1994: Görlitz und seine Umgebung, Werte der deutschen Heimat Band 54 (Weimar 1994)
Weinert 2006: A. Weinert, Die Funde des Gräberfeldes Hagenwerder. Neue Hinweise auf Handelsbeziehungen in der frühen Eisenzeit im Görlitzer Raum, in: Görlitzer Magazin 19. Jahrgang (Görlitz-Zittau 2006) S. 101–113
Wenzel 1998: H. Wenzel, Die Görlitzer Frauenkirche (Görlitz 1998)
Wenzel 2007: H. Wenzel, Weinhübel einst und jetzt. Posottendorf-Leschwitz (Görlitz 2007)
Wenzel 2008: W. Wenzel, Oberlausitzer Ortsnamenbuch (Bautzen 2008)
Winkelmann 1939: R. Winkelmann, Erinnerungsblätter aus der Geschichte des evangelischen Kirchspiels Jauernick-Kunnerwitz im besonderen aus der Gründungszeit zum Hundertjahr-Jubiläum (o.O. 1939)
Zobel 1932: A. Zobel, Beichtstühle in schlesischen evangelischen Kirchen, in: NLM Band 108 (Görlitz 1932) S. 176f.

BILDNACHWEIS

Fotos
Günther Hennig †, Görlitz
19, 29o, 36u, 38, 39l, 59, 70

Steffen und Constanze Herrmann, Görlitz
8, 9o, 9u, 16, 26, 29u, 31, 33u, 34, 39r, 40, 44, 60, 67, 69, 73,
80, 81, 83, 84, 87, 102, 107, 108, 110 1 bis 4, 111 1 bis 4, 112,
114, 115, 116, 128, 136, 138, 142, Titelbilder

Jeff Klotz, Remchingen
6, 10, 13, 21, 24, 27o, 27u, 28, 35, 36o, 43, 51, 63, 66, 68,
72o, 72u, 77, 91, 93, 97, 98, 101

Ulrich Wollstadt, Görlitz
92, 95, 96o

Reproduktionen
Archiv Evangelische Versöhnungskirchengemeinde Görlitz
57, 75, 76l, 76r, 90, 94, 96u, 100

Ratsarchiv Görlitz
109, 113l, 113r

Städtische Museen Zittau
33o

Übersichtskarte
Juliane Herrmann, Dresden
141

Blick auf Weinhübel
von den
Neißewiesen

ARCHIVALIEN

AVKGG K/J
Archiv der Versöhnungskirchengemeinde Görlitz, Altbestand Evangelische Kirchengemeinde Kunnerwitz, Akte Nr. 1, 4, 240, 244, 247, 249, 250, 252, 253, 254, 255, 256, 257, 258, 260, 261

AVKGG/T
Archiv der Versöhnungskirchengemeinde Görlitz, Altbestand Evangelische Kirchengemeinde Tauchritz, Akte Nr. 5, 7, 14, 103, 115, 122, 123, 133, 144, 170, 179, 196, 214, 215

AVKGG/W
Archiv der Versöhnungskirchengemeinde Görlitz, Altbestand Evangelische Kirchengemeinde Weinhübel, Akte Nr. 43, 83

CDLS III 426
Codex der Urkunden u.a. Quellen der Oberlausitz, gedruckt in: R. Jecht (Hrsg. i.A. der Oberlausitzischen Gesellschaft der Wissenschaften), Codex diplomaticus Lusatiae superioris III enthaltend die ältesten Görlitzer Ratsrechnungen bis 1419, Görlitz 1905–1910.

ORTSNAMENKONKORDANZ

Im Text wurde die zeitrelevante historische deutsche Benennung polnischer, tschechischer und deutscher Orte verwendet, da sie fest im geschichtlichen Kontext verankert ist. Die Ortsnamenkonkordanz soll das Auffinden dieser Orte in der Gegenwart erleichtern.

Akko	im Altertum Ptolemais
Berna	poln. Bierna
Breslau	poln. Wrocław
Bunzlau	poln. Bolesławiec
Buschbach	bis 1936 Niecha
Glatz	poln. Kłodzko
Gnadenberg	poln. Godnów
Goldberg	poln. Złotoryja
Görlitz	poln. Zgorzelec
Friedland	tschech. Frýdlant
Hagenwerder	bis 1936 Nickrisch
Haida	tschech. Nový Bor
Hirschberg	poln. Jelena Góra
Iconium	türkisch Konya
Küpper	poln. Miedziane
Lauban	poln. Lubań
Leopoldshain	poln. Łagów
Leschwitz	ab 1936 Weinhübel
Liegnitz	poln. Legnica
Moys	poln. Ujatz
Nickrisch	ab 1936 Hagenwerder
Niecha	ab 1936 Buschbach
Nieda	poln. Niedów
Nieder Langenau	poln. Długyna Dolna
Philomelion	türkisch Aksehir

Dorfplatz Tauchritz

Anhang | Ortsnamenkonkordanz

Posottendorf	poln. Lasowice
Radmeritz	poln. Radomierzyce
Schlesien	poln. Śląsk
Schönbrunn	poln. Studniska
Seidenberg	poln. Zawidów
Weinhübel	bis 1936 Leschwitz
Wendisch Ossig	poln. Osiek Łużyci
Witka	Fluss, deutsch Wittig

Lageplan der Kirchen | Anhang

Lage der Kirchen der Evangelischen Versöhnungskirchengemeinde Görlitz (EVKG)

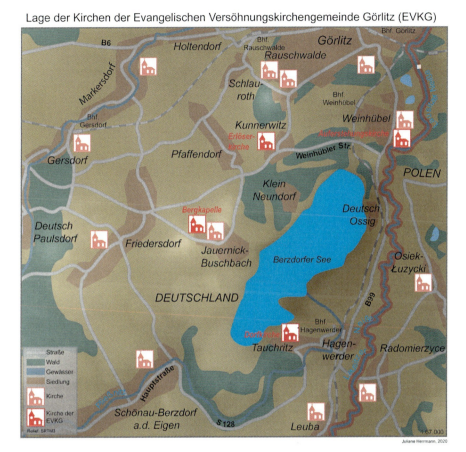

DANK

An dieser Stelle soll all jenen gedankt werden, die mich maßgeblich beim Entstehen dieses Buches unterstützt haben, vor allem Herrn Pfarrer Ulrich Wollstadt für die organisatorische Begleitung dieses Publikationsvorhabens vor Ort, den aufgesuchten Archiven und Bibliotheken, insbesondere dem Archiv der Evangelischen Versöhnungskirchengemeinde Görlitz und der Oberlausitzischen Bibliothek der Wissenschaften, für den uneingeschränkten Zugang zu ihren Beständen, und nicht zuletzt den Mitarbeitern des J. S. Klotz Verlagshauses, insbesondere der Grafikerin Frau Sina Fuchs, für die angenehme Zusammenarbeit.

Tauchritz, altes Pfarrhaus, Haus am See

DIE AUTORIN

Dr. Constanze Herrmann, geb. 1964 in Görlitz. Studium an der Technischen Universität Karl-Marx-Stadt (Chemnitz), Abschluss als Diplomingenieur, zunächst in der Industrie tätig, seit 2003 freie Mitarbeiterin am Kulturhistorischen Museum Görlitz, wissenschaftliche Erforschung und Aufbereitung des Physikalischen Kabinetts in Görlitz, Promotion, vielfältige Forschungen zur Erschließung der naturwissenschaftlichen Sammlungen der Oberlausitzischen Gesellschaft der Wissenschaften und deren Mitglieder, verschiedenartige Arbeiten im wissenschafts- und technikgeschichtlichen Bereich sowie der Regionalgeschichte, seit 2017 Sekretär der Oberlausitzischen Gesellschaft der Wissenschaften.